Ludger Bornewasser / Hans-Oskar Jülicher /
Bernhard F. Klinger / Andreas Wolff
Schenken statt vererben

Ludger Bornewasser · Hans-Oskar Jülicher
Bernhard F. Klinger · Andreas Wolff

Schenken statt vererben

So übertragen Sie Ihr Vermögen steuerschonend und
sichern sich fürs Alter ab

Bibliografische Information der Deutschen Nationalbibliothek

Die Deutsche Nationalbibliothek verzeichnet diese Publikation in der Deutschen National-
bibliografie; detaillierte bibliografische Daten sind im Internet über http://dnb.d-nb.de abrufbar.

ISBN 978-3-7093-0525-6

Umschlag: buero8
Covermotiv: © Alexander Raths – Fotolia.com
© LINDE VERLAG Ges.m.b.H., Wien 2013
1210 Wien, Scheydgasse 24, Tel.: 01/24 630

www.lindeverlag.de
www.lindeverlag.at

Satz: psb, Berlin
Druck: Hans Jentzsch u Co. Ges.m.b.H.
1210 Wien, Scheydgasse 31

Inhalt

> **Mehr Service auf stern.de**
>
> - Was geschieht mit der Immobilie im Erbfall?
> - Lebensversicherung zur Steuerersparnis?
> - Was ändert sich durch die EU-Erbrechtsverordnung?
>
> Dies und mehr unter: www.stern.de/erben

Inhalt

Kapitel 1

Warum besser schenken und nicht vererben?

Warum das Vermögen verschenken, wenn es ohnehin irgendwann einmal als Erbe anderen zugutekommt? Das ist eine sehr berechtigte Frage! Dieses Kapitel gibt zunächst einen Überblick über gute Argumente für die „vorweggenommene Erbfolge", sprich Schenkung. Im Anschluss daran wird aber auch vor gefährlichen Transaktionen gewarnt, die die Versorgung von schenkenden Personen massiv beeinträchtigen können.

Vorteile einer „vorweggenommenen" Erbfolge

Tatsächlich bietet es sich für viele Menschen an, das in jahrzehntelanger Arbeit erwirtschaftete Vermögen zusammenzuhalten. Oft wird das Ersparte noch gebraucht, für medizinische Behandlungen und eine möglicherweise lange andauernde und aufwändige Pflege. Es spricht einiges dafür, den Verwandten besser nichts zu schenken und stattdessen eine mehr oder weniger große Erbschaft zu hinterlassen. Doch in manchen Fällen gibt es gewichtige Gründe, schon vor dem eigenen Tod Aktien, Immobilien, Geldbeträge und Sachwerte an Personen oder auch Organisationen zu übertragen.

Unter „vorweggenommener Erbfolge" versteht man Vermögensübertragungen unter lebenden Personen, einem Schenker (auch „Übergeber" genannt) und einem Beschenkten (auch „Übernehmer" genannt). Die beschenkte Person ist meist eine verwandte Person, die nach der gesetzlichen Erbfolge ohnehin als Erbe das Vermögen erhalten würde. Das muss aber nicht so sein. Per Schenkung können auch ganz andere Personen – zum Beispiel eine Geliebte oder ein Freund – Vermögenswerte erhalten. Beschenken kann man auch juristische Personen, zum Beispiel einen Tierschutzverein oder eine Stiftung. Bei der Übertragung von Vermögenswerten schon zu Lebzeiten erlegt der Schenker dem Übernehmer typischerweise zahlreiche Verpflichtungen auf. Mit diesen wird meist das Ziel verfolgt, den Schenker und seine Familie für den Alters- und Pflegefall abzusichern, eine Gleichstellung unter mehreren Kindern zu erreichen und zu verhindern, dass der Schenkungsgegenstand weiterveräußert oder dem Zugriff von Gläubigern des Beschenkten ausgesetzt wird.

Vorteil Nr. 1: Vermeidung hoher Steuerlast

Steuerliche Überlegungen sind nach wie vor das am weitesten verbreitete Motiv für Schenkungen im Rahmen einer vorweggenommenen Erbfolge. Ob sich überhaupt „Steuerspareffekte" erzielen lassen, hängt stark vom Einzelfall ab. Faustregel: Meist lohnen sich Schenkungen mit dieser Zielsetzung erst bei einem Vermögen, das die Steuerfreibeträge erheblich übersteigt. Voraussetzung für eine Steueroptimierung ist zudem fast immer, dass die Vermögensübergabe rechtzeitig, also mindestens zehn Jahre vor dem späteren Erbfall erfolgt.

Maximilian B., verheiratet, ein Kind, verstirbt ohne Hinterlassung eines Testaments. Sein Nachlass beläuft sich auf 700.000 Euro. Nach gesetzlicher Erbfolge werden die Witwe und das Kind Miterben zu je ein Halb. Anhand der Tabelle auf Seite 37 lässt sich leicht errechnen, ob die Angehörigen Erbschaftsteuer zu zahlen haben.

Erbteil der Witwe	350.000 Euro
./. Freibetrag der Witwe	500.000 Euro
Besteuert wird vom Finanzamt:	0 Euro
Erbteil des Kindes	350.000 Euro
./. Freibetrag des Kindes	400.000 Euro
Besteuert wird vom Finanzamt:	0 Euro

Aufgrund der hohen Freibeträge für den Ehepartner und das Kind ist keine Erbschaftsteuer zu zahlen.

Wird mit den Übertragungen frühzeitig begonnen, lassen sich dank der alle zehn Jahre nutzbaren Steuerfreibeträge hohe Vermögen steuerfrei in die nächste Generation retten.

Vorteil Nr. 2: Starthilfe für Kinder

Ein häufiges Motiv für Schenkungen liegt darin, den eigenen Kindern eine Existenzgründung zu ermöglichen. Vor allem bei der Gründung einer eigenen Firma, Praxis oder eines Handwerksbetriebs fallen hohe Kosten an, die von jungen Menschen nach der Ausbildung oder nach einigen Jahren im Angestelltenverhältnis kaum zu berappen sind. Banken, die Kredite ausreichen, fordern in der Regel nicht nur Eigenkapital, sondern auch Sicherheiten und Bürgschaften. Eltern helfen ihren Kindern deshalb oft beim Start ins Berufsleben oder bei der Firmengründung. Allerdings sind die Erfahrungen der Eltern, die ihrem Nachwuchs ein mitunter hohes Startkapital zur Verfügung stellen, nicht in jedem Fall positiv. Aus diesem Grund kann man Eltern nur zur Vorsicht und zu klaren rechtlichen Regelungen bei Schenkungen zur Starthilfe raten.

Nach dem Studium der Medizin und der Ausbildung zum Facharzt für Orthopädie macht sich der 38jährige Rainer G. selbstständig. Mieten, Kaution, Umbaumaßnahmen, Praxiseinrichtung, ein großer Park an medizintechnischer Gerätschaft sowie Personalkosten trotz anfangs geringer Umsätze summieren sich zu einem gewaltigen Schuldenberg. Rainers Eltern verfügen selbst nur über ein Grundstück mit Einfamilienhaus sowie Rücklagen in Höhe von 300.000 Euro als private Altersvorsorge. Um dem Sohn zu helfen, die hohen Schulden der Praxisgründung zu stemmen, leihen sie dem aufstrebenden Mediziner nicht nur die 300.000 Euro Bargeld, sondern akzeptieren auch eine Grundschuld auf ihrem Grundstück zur Besicherung von Krediten. Zwei Jahre später ist der Orthopäde als Unternehmer aufgrund der extrem hohen Kosten gescheitert. Auch für die Eltern ist die Insolvenz des Sohnes ein Desaster. Die private Altersvorsorge ist verloren; außerdem fordert die Bank die Versteigerung des Hauses der Eltern zur Tilgung der Schulden.

Schenkungen und andere Hilfen bei der Existenzgründung dürfen niemals die schenkenden Personen in wirtschaftliche Kalamitäten bringen. Es ist daher außerordentlich wichtig,

→ das Vorhaben der Söhne und Töchter sehr genau unter die Lupe zu nehmen,
→ unnötige Luxus-Beschaffungen abzulehnen,
→ ins Detail ausgearbeitete Businesspläne zu fordern und kritisch zu würdigen,
→ Gelder nur zweckgebunden für sinnvolle Investitionen zu vergeben,
→ allzu euphorische Expertisen von Beratern misstrauisch zu zerpflücken,
→ und forsche Forderungen der Banken nach doppelten und dreifachen Sicherheiten abzuwehren.

Gesunder Menschenverstand hilft hier ebenso weiter wie die Erfahrung des Alters, das kritische Denkvermögen und nicht zuletzt die juristische Beratung bei der Vertragsgestaltung.

Vorteil Nr. 3: Absicherung des Schenkers

Ein häufiges Motiv für die Übertragung von Vermögen liegt in einer „Gegenleistung". Der Schenkung der Eltern steht meist als Gegenleistung die Versorgung im Krankheits- und Pflegefall eines oder beider Elternteile gegenüber. Im Rahmen der vorweggenommenen Erbfolge ist es auch möglich, die Versorgung und Ausbildung schwächerer Familienmitglieder oder behinderter Kinder abzusichern.

EXPERTENTIPP

Ein Handschlag zur Vereinbarung eines Geschäfts auf Gegenseitigkeit ist auch unter Familienmitgliedern, die sich vertrauen, äußerst riskant. Im schlimmsten Fall geht eine Schenkung ohne Gegenleistung verloren. Die Beratung und exakte Vertragsgestaltung durch einen Fachanwalt für Erbrecht schützt den Schenker vor dem Totalverlust.

Vorbehalt eines Nießbrauchs

Die Übertragung eines bebauten Grundstücks von den Eltern auf die Kinder unter Nießbrauchsvorbehalt ist ein häufiger Standardfall. Der Nießbrauch gibt dem Schenker – in diesem Fall auch „Nießbraucher" genannt – das Recht, sämtliche Nutzungen des belasteten Grundstücks zu ziehen, insbesondere die Mieten einzunehmen und die Immobilie selber zu bewohnen (ausführlich dazu das Kapitel 6).

Beispiel

Witwer Johannes K. verschenkt eine vermietete Immobilie im Wert von 600.000 Euro an seinen Sohn Peter, behält sich jedoch den lebenslangen Nießbrauch an der Immobilie vor. Vorteil dieser Gestaltung ist, dass die Miete auch nach der Eintragung des Sohnes als Eigentümer im Grundbuch weiter Johannes K. zusteht. Aber auch

Sohn Peter hat einen Vorteil. Er hat nicht den vollen Wert der Immobilie in Höhe von 600.000 Euro zu versteuern, sondern nur den Betrag, der sich nach Abzug des Nießbrauchswertes vom Wert der Immobilie ergibt. Hat der Nießbrauch unter Berücksichtigung der statistischen Lebenserwartung des Vaters einen Wert von zum Beispiel 200.000 Euro, hat der Sohn lediglich den verbleibenden Wert der Schenkung in Höhe von 400.000 Euro der Besteuerung zugrunde zu legen. Da dieser Wert seinem Freibetrag entspricht, fällt keine Steuer an.

Vorbehalt eines Wohnrechts

Ein Wohnungsrecht – auch einfach „Wohnrecht" genannt – ist das Recht, ein Haus oder den Teil eines Hauses – sofern gewünscht – unter Ausschluss des Eigentümers zu bewohnen. Die Nießbrauchsvorschriften finden auf das Wohnungsrecht weitgehend Anwendung. Das Wohnungsrecht entsteht durch Einigung der Beteiligten und Eintragung in das Grundbuch. Die Eintragungsbewilligung muss notariell beglaubigt sein. Wie der Nießbrauch ist auch das Wohnungsrecht weder übertragbar noch vererblich. Der Inhaber des Wohnungsrechts kann dieses Recht nur bei entsprechender vertraglicher Regelung – gegen Zahlungen oder unentgeltlich – einer weiteren Person überlassen. Das Wohnungsrecht erlischt mit dem Tod des Wohnrechtsberechtigten (ausführlich dazu das Kapitel 6).

Beispiel

Klaus M. ist stolzer Eigentümer eines kleinen Ferienhauses auf Rügen. Allerdings wird die laufende Instandhaltung des Häuschens für den 70-jährigen Klaus zunehmend zur Last. Er entschließt sich deshalb, die Immobilie seiner Tochter Annette zu schenken. Da Klaus und seine Ehefrau Erika aber weiter ihre Sommerurlaube auf Rügen verbringen möchten, vereinbart er mit Annette für sich und seine Ehefrau ein Wohnrecht an den Räumen im ersten Stock des Ferienhauses. Miete will Klaus M. an seine Tochter nach der Schenkung nicht bezahlen, übernimmt aber alle anfallenden Kosten des Hauses.

Pflegeverpflichtung des Übernehmers

Der Übergabevertrag mit dem Tauschgeschäft „Schenkung gegen Pflege-verpflichtung" ist ein Modell, das immer mehr Interessenten findet. Die zunehmende Lebenserwartung mit der Perspektive einer lange anhaltenden Pflegebedürftigkeit lässt dieses Vertragsmodell attraktiv erscheinen (ausführlich dazu das Kapitel 6).

Beispiel

Die ehemalige Chefsekretärin Rosanna V. lebt im Alter von 78 Jahren in ihrer großzügigen Eigentumswohnung im Zentrum von Köln. Ihre Rente sichert ihr ein angenehmes, unbeschwertes Leben, doch der Blick in die Zukunft macht ihr Angst: „Wer pflegt mich, wenn es mal soweit ist?" Ein Gespräch mit der einzigen Tochter, die mit ihrer Familie in den USA lebt, fördert Interesse an der wertvollen Immobilie und eine gewisse Bereitschaft zutage, für die Mutter zu sorgen. Rosanna erkundigt sich bei einem Erbrechtsspezialisten, ob sie mit ihrer Tochter eine „Schenkung gegen Pflegeverpflichtung" vereinbaren sollte. Der Anwalt rät ab mit folgendem Argument: Die Tochter hat ihren Lebensmittelpunkt weit entfernt, sie kann der Pflegeverpflichtung nicht nachkommen.

Zahlung einer Leibrente

Im Rahmen eines Übergabevertrags kann die finanzielle Versorgung eines Veräußerers durch die Vereinbarung einer Leibrente sichergestellt werden. Dies findet sich häufig bei der Übergabe vermieteter Immobilien oder Betriebsgrundstücke. Für den Übergeber haben wiederkehrende Leistungen gegenüber dem Nießbrauch den Vorteil, dass er sich nicht mehr um die Verwaltung des übertragenen Objekts kümmern muss. Für den Beschenkten stellt sich die Situation ebenfalls sehr günstig dar. Nach der Übergabe kann er unbeschränkt über die geschenkte Immobilie verfügen (ausführlich dazu das Kapitel 6).

Die 75-jährige Witwe Claudia B. ist Eigentümerin einer selbstgenutzten Eigentumswohnung in Hamburg. Da sie aber zunehmend gebrechlich wird, entschließt sie sich schweren Herzens, in ein Pflegeheim zu gehen. Da sie schon lange nicht mehr an den lästigen Eigentümerversammlungen teilnehmen will, möchte sie die Wohnung ihrem Sohn Markus schenken. Um ihre relativ kleine Rente aufzustocken, müsste sie sich an der Wohnung eigentlich ein Nießbrauchsrecht vorbehalten, um diese dann vermieten zu können. Das ist ihr aber alles viel zu unsicher: Kann der Mieter immer zahlen? Wie läuft das mit der Nebenkostenabrechnung? Markus schlägt als Alternative zum Nießbrauchsvorbehalt vor, dass er seiner Mutter eine feste monatliche Rente zahlt und die Wohnung in „Eigenregie" vermietet.

Altenteil und Leibgeding

Der Begriff „Altenteil" (auch als Leibgeding, Leibzucht, Auszug oder Austrag bezeichnet) wird vorrangig in landwirtschaftlichen Übergabeverträgen verwendet. Von einem Altenteil spricht man bei der unentgeltlichen Übergabe einer Wirtschaftseinheit im Wege der Generationenfolge. Der Erwerber erlangt durch den Übertragungsvertrag eine wirtschaftlich selbstständige Stellung, der „Altenteiler" eine Altersversorgung. Das Altenteil setzt sich in der Regel aus zwei Komponenten zusammen: Zum einen wird ein Wohnungsrecht des Übergebers vereinbart und im Grundbuch eingetragen. Zum anderen werden im Wege einer – im Grundbuch vermerkten – Reallast Geld- oder Sachleistungen des Eigentümers festgelegt. Kommt der Eigentümer seiner Verpflichtung aus der Reallast nicht nach, kann der Übergeber gegen ihn vorgehen (ausführlich dazu das Kapitel 6).

Beispiel

Die Landwirte Zenta und Karl D. übergeben im Alter von 64 und 63 Jahren ihren Hof im Bayerischen Wald an ihren Sohn Josef, der gerade neben einer Ausbildung zum Landmaschinenmechaniker erfolgreich eine landwirtschaftliche Ausbildung absolviert hat. Die Eltern ziehen in das „Austragshäusl" direkt neben dem Hof. Aufgrund stark fallender Milchpreise nach der Übergabe des Hofes sieht sich Josef nicht in der Lage, die vereinbarten Geldleistungen zu zahlen. Josef erklärt den Eltern seine schwierige finanzielle Situation und stellt seine Zahlungen ein. Zenta und Karl D. beauftragen nach zahlreichen erfolglosen Gesprächen mit dem Sohn einen Rechtsanwalt, die fälligen Geldleistungen per Pfändung einzutreiben. Nach Erhalt eines äußerst unerfreulichen Schreibens verkauft Josef sein Auto und zahlt seinen Eltern aus dem Erlös die überfälligen Geldleistungen. Außerdem nimmt er eine Stelle als Landmaschinenmechaniker an, um künftig seinen monatlichen Verpflichtungen gegenüber seinen Eltern nachkommen zu können.

Vorteil Nr. 4: Erhaltung des Familienvermögens

Ein Unternehmen, Immobilieneigentum oder Kunstsammlungen überleben als wirtschaftliche Einheiten oft ihren Eigentümer nur wenige Monate oder Jahre. Die Erben müssen nach dem Erbfall gemäß den gesetzlichen Erbquoten teilen und verkaufen. Sie zerteilen oder zerschlagen wirtschaftliche Werte, die nach dem Wunsch des Erblassers eigentlich zusammenbleiben sollten. Eine gut strukturierte Übertragung des Vermögens auf die nächste Generation schon zu Lebzeiten kann eine Zersplitterung und Vernichtung des – oft über Jahrzehnte aufgebauten – Familienvermögens verhindern.

Beispiel

Der erfolgreiche Unternehmer Waldemar H. gründet nach Beratung durch einen Fachanwalt für Erbrecht eine „Familiengesellschaft" mit dem Ziel, seine Firma zu erhalten und seine Kinder als Eigentümer an dem Unternehmer zu beteiligen. Eine Klausel verhindert, dass ein Familienmitglied seinen Anteil am Unternehmen versilbert: Wer sich aus der Familiengesellschaft verabschieden möchte, kann seinen Anteil nicht mitnehmen, sein Anteil wird vielmehr an die anderen Eigentümer verteilt.

Bei der Übergabe eines Unternehmens an die nächste Generation kommt es vorrangig darauf an, einen fähigen Unternehmer als Nachfolger zu installieren und aufzubauen. Das kann, muss aber nicht ein Familienmitglied sein. Der Nachfolger kann auch verpflichtet werden, das Unternehmen im Interesse der Eigentümer-Familie langfristig zu erhalten und kurzfristige Ausplünderungsversuche abzuwehren (ausführlich dazu das Kapitel 8).

Vorteil Nr. 5: Vermeidung des Erbschaftstreits

Wer verhindern möchte, dass nach dem eigenen Tod Streit unter den Erben ausbricht, kann dieses Ziel mit der „vorweggenommenen Erbfolge" erreichen. Vor allem Personen, deren Familie bereits zerstritten ist, sollten die Lösungsmöglichkeit „Friedensstiftung durch Schenkungen" ins Auge fassen. Übrigens streiten nach dem Erbfall auch Verwandte, die nie als Streithähne aufgefallen sind. Wer auf Nummer sicher bei der Streitvermeidung gehen will, kann durch Schenkungen für klare Verhältnisse sorgen. Es entsteht keine Erbengemeinschaft mit Querulanten, die wichtige Entscheidungen torpedieren können.

Beispiel

Die drei Schwestern der Familie B. erben zu gleichen Teilen nicht nur das Wohnhaus ihrer Eltern, sondern auch Bargeld in Höhe von 140.000 Euro. Obwohl sich die Schwestern immer gut verstanden haben, bricht auf einmal Streit aus. Erika will das Haus übernehmen, aber die Schwestern nicht mit hohen Summen ausbezahlen, da das Haus ihrer Meinung nach viel weniger wert ist als ein Makler geschätzt hat. Eva pocht darauf, sie habe sehr viel Pflegeleistung für die Eltern erbracht und müsse dafür finanziell entschädigt werden. Das findet nur müdes Lächeln bei den anderen Schwestern. Ihre Auffassung: Sie hätten sich ja auch an der Pflege maßgeblich beteiligt und es gebe gar keine rechtliche Grundlage für diese absurde Forderung. Die monatelangen Streitereien enden vor Gericht und letztlich mit der Zwangsversteigerung der Immobilie.

EXPERTENTIPP

Streit in der Familie lässt sich nicht nur durch die vorweggenommene Erbfolge vermeiden. Andere Lösungswege führen zum gleichen Ziel: durchdachte testamentarische Verfügungen oder die Einsetzung eines Testamentsvollstreckers, der die testamentarischen Vorgaben ohne „Wenn und Aber" durchzusetzen hat.

•••

Vorteil Nr. 6: Minderung des Pflichtteils

Per Testament kann eine Person auch sehr nahe Verwandte, zum Beispiel ein missliebiges Kind, enterben. Der Gesetzgeber sichert jedoch den Enterbten einen Anteil am Nachlass, den „Pflichtteil" (die halbe Erbschaft). Das Familienvermögen soll nach den Vorstellungen des Gesetzgebers auch der Versorgung der Nachkommen dienen. Zur Auszahlung des Pflichtteils in Form von Bargeld sind die Erben schon wenige Wochen nach dem Erbfall verpflichtet. Aus diesem Grund stehen Erben immer wieder vor großen Problemen. Wenn sie ausschließlich Immobilien geerbt haben, fehlt ihnen oft kurzfristig das Bargeld, um den Enterbten den Pflichtteil auszubezahlen. Ziel einer vorweggenommenen Erbfolge kann es sein, Pflichtteilsansprüche zu minimieren (siehe dazu das Kapitel 7).

•••

Beispiel

Johann A. lebt zusammen mit der Familie seiner Tochter Martina B. in seinem eigenen Haus. Der 78-jährige Rentner will vermeiden, dass Martina nach seinem Tod aufgrund von Pflichtteilsansprüchen anderer Kinder aus der Immobilie ausziehen muss. Er schenkt ihr daher das Haus ohne Nießbrauch und Wohnrecht für die eigene Person, um zu erreichen, dass die Pflichtteilsansprüche der anderen Kinder in seinen letzten Lebensjahren abschmelzen.

Variante

Auf Anraten eines Fachanwalts für Erbrecht sucht der Senior eine Lösung für die Pflichtteilsproblematik. Er vereinbart mit den Kindern einen „Pflichtteilsverzicht";

diese erhalten als Gegenleistung eine angemessene Abfindung. Nach dem Tod von Johann A. muss Martina B. ihren Geschwistern keinen Pflichtteil zahlen.

● ●

Meist gefällt den Kindern die Idee der eigenen Eltern nicht, dass sie gegen eine Geldleistung auf den Pflichtteil verzichten sollen. Bei den Verhandlungen zum „Pflichtteilsverzicht gegen Abfindung" sitzt der Erblasser jedoch am längeren Hebel. Er kann auf das „Abschmelzungsmodell" bei Schenkungen verweisen, nach dem sich der Pflichtteil innerhalb einer Zeitspanne von zehn Jahren von 100 auf null Prozent reduziert. Ein weiteres Drohpotenzial ergibt sich aus der Möglichkeit, das eigene Vermögen selbst aufzubrauchen und damit den Pflichtteil zu minimieren.

Kapitel 2

Rechtliche „Stolperfallen" bei Schenkungen

Bei allen Schenkungen sind rechtliche Rahmenbedingungen (Gesetze, Rechtsprechung, Präzedenzfälle) zu beachten. Manche unentgeltlichen Übertragungen stehen im Widerspruch zu geltenden Gesetzen. Dieses Kapitel erläutert, was Schenker und Beschenkte juristisch beachten müssen, um „wasserdichte" Übertragungen vornehmen zu können.

Beurkundungspflicht von Schenkungen

Wer eine Immobilie verkaufen oder erwerben möchte, muss zum Notar gehen und einen Kaufvertrag unterzeichnen. Das gilt auch bei Schenkungen. Oft muss nicht nur die Übertragung von Grundstücken, sondern auch die Schenkung von Sachwerten und Geldbeträgen per Notarvertrag geregelt werden. Die Mitwirkung des Notars bei der Übertragung von Immobilien ist auch für eine Eintragung des Übernehmers im Grundbuch erforderlich.

Notarielle Beratung

Ist eine notarielle Beurkundung vorgesehen, beinhalten die Gebühren für die notarielle Urkunde auch die Beratung sowie eine detaillierte Besprechung aller Einzelheiten, die für den gewünschten Vertrag von Bedeutung sind. Allerdings ist der Notar im Regelfall nicht verpflichtet, über steuerliche Folgen einer Schenkung aufzuklären (im Gesetz steht „zu belehren"). Er haftet jedoch, wenn er tatsächlich zu steuerlichen Fragen fehlerhafte oder unvollständige Informationen gibt.

EXPERTENTIPP

Ein Notar hat nicht die Aufgabe, über die steuerlichen Folgen eines Vertrags zu informieren, der von ihm entworfen, aufgeschrieben und beurkundet wird. Manche Notare beantworten Fragen nach steuerlichen Auswirkungen, andere verweisen auf die Möglichkeit, diese Thematik mit einem Steuerberater oder Fachanwalt für Erbrecht zu besprechen. Es spielt keine Rolle, ob der Notar selbst, ein Steuerberater oder ein Erbrechtsexperte die steuerlichen Folgen erklärt. Wichtig ist in jedem Fall, dass Sie die steuerlichen Konsequenzen etwa einer Grundstückstransaktion kennen. Nur so können Sie vermeiden, dass unerwartete Steuerzahlungen auf Sie oder Ihren Vertragspartner – oft Personen aus der näheren Verwandtschaft – zukommen.

Pflichtteilshaftung des Erben

Wer per Testament als Erbe eingesetzt wurde, kann sich nach einem Todesfall oft über die ohne Gegenleistung erworbenen Gelder und Gegenstände nicht recht freuen. Denn häufig fordert nicht nur das Finanzamt Steuern in beträchtlicher Höhe. Auch nahe Angehörige – meist enterbte Kinder, in seltenen Fällen auch enterbte Eltern und Ehepartner – melden sich und machen ihren Pflichtteil geltend.

Der Pflichtteil sichert nahen Angehörigen eines Verstorbenen eine finanzielle Mindestbeteiligung am Nachlass für den Fall, dass der Erblasser sie durch „Verfügung von Todes wegen" (Testament oder Erbvertrag) von der gesetzlichen Erbfolge ausgeschlossen hat. Der Pflichtteil entspricht der Hälfte des gesetzlichen Erbteils. Bei der Berechnung des Pflichtteils wird der finanzielle Wert der Erbschaft zugrunde gelegt. Im Gegensatz zum (gesetzlichen oder testamentarischen) Erbteil wird der Pflichtteil ausschließlich in Form von Geld beglichen. Ein Erbe muss auch dann, wenn er einzig und allein Sachwerte (Immobilie, Auto, Möbel, Bilder) geerbt hat, den Pflichtteil in Euro und Cent auszahlen. Je nach Einzelfall kann sich die „Pflichtteilshaftung" des Erben äußerst ungünstig darstellen. Einige Stichworte: knallharte Forderungen enttäuschter Verwandter nach sofortiger Zahlung des Pflichtteils, unfreundliche Briefe entschlossener Rechtsanwälte, rascher Verkauf von Wertgegenständen weit unter Wert, Verlust eines mehr oder weniger großen Teils der Erbschaft, finanzielle Nöte.

Pflichtteil aus Schenkungen

Oft übersehen nicht nur Menschen, die ein Testament zu Papier bringen, sondern auch die testamentarischen Erben, dass der Pflichtteil sich nicht nur aus dem Wert des Nachlasses errechnet. Auch aus Schenkungen vor dem Todesfall kann sich ein Pflichtteil ergeben, die sogenannte Pflichtteilsergänzung. Der Gesetzgeber schützt mit dieser Regelung pflichtteilsberechtigte Personen vor dem Verlust ihres Anteils am Vermögen einer verstorbenen Person.

Rückabwicklung von Schenkungen beim Ehegattentestament

Manche Schenkungen haben keinen dauerhaften Bestand. Bei berechtigten Klagen von Erben und enterbten Personen sorgen die zuständigen Gerichte dafür, dass unrechtmäßige Schenkungen rückabgewickelt werden. Typisches Beispiel sind Schenkungen von Witwen oder Witwern, die aufgrund eines Ehegattentestaments nicht mehr frei über ihr eigenes und vom verstorbenen Partner ererbtes Vermögen verfügen können. Oft ist es einem Witwer oder einer Witwe nicht klar, dass ein Ehegattentestament nach dem ersten Todesfall bindend ist und nicht mehr abgeändert werden kann.

Auch versuchen Witwen und Witwer häufig, die vom Gesetzgeber angeordnete Bindungswirkung eines Ehegattentestaments zu unterlaufen. Sie verschenken ihr Vermögen ganz oder teilweise, zum Beispiel an einen neuen Partner. Solche Schenkungen müssen in der Regel rückgängig gemacht werden. Nur dann, wenn es sich bei einer Schenkung um eine Art Gegenleistung handelt, zum Beispiel den Lohn für erbrachte oder einen Anreiz für künftige Pflege, darf der Beschenkte den Schenkungsgegenstand behalten.

Beispiel

Manfred W. errichtet mit seiner krebskranken Ehefrau Marion W. ein Ehegattentestament. Die beiden Partner setzen sich wechselseitig zu Alleinerben und nach dem Tod des länger lebenden Partners den gemeinsamen Sohn als Schlusserben ein. Viele Jahre nach dem Tod von Marion geht Manfred W. eine nichteheliche Lebensgemeinschaft mit Ramona L. ein. Die Partnerschaft ohne Trauschein besteht über 15 Jahre, bis Manfred W. verstirbt. Zwölf Jahre vor seinem Ableben schenkt der Witwer seiner Lebensgefährtin Ramona eine Eigentumswohnung im Wert von 100.000 Euro, ohne den Zweck der Schenkung näher zu regeln. Fünf Jahre vor seinem Ableben wendet er Ramona ein Aktiendepot im Wert von 40.000 Euro mit der Bestimmung zu, dass „hiermit die in der Vergangenheit erbrachte Pflegeleistung abgegolten und gleichzeitig ein Anreiz für zukünftige Versorgung und

Pflege geschaffen werden soll". Nach dem Tod von Manfred W. verlangt der Sohn Harald W. als testamentarischer Schlusserbe von der Lebensgefährtin seines Vaters die Rückgabe der Eigentumswohnung und des Aktiendepots. Ramona L. muss dem Sohn von Manfred W. die Eigentumswohnung zurückgeben, darf aber das Aktiendepot behalten, da es sich hierbei um eine Gegenleistung für erbrachte und erwartete Pflegeleistung handelt.

Schenkungsverbot für den Vorerben

Wer ein Testament errichtet, kann sein Vermögen durch die Anordnung einer Vor- und Nacherbschaft über zwei oder mehr Generationen hinweg vererben. Der Erblasser überträgt dabei sein Vermögen zunächst einer Person, einem Vorerben, legt aber bereits fest, wer nach dem Tod des Vorerben nächster Erbe – Nacherbe – sein soll. Vor- und Nacherbe sind Erben desselben Erblassers, jedoch zeitlich aufeinander folgend. Der Nacherbe kommt meist erst dann zum Zuge, wenn auch der Vorerbe das Zeitliche gesegnet hat.

Ein Vorerbe ist in seiner Verfügungsmöglichkeit über das ererbte Vermögen stark eingeschränkt. Er ist verpflichtet, den Nachlass in seiner Substanz für den Nacherben zu erhalten. Er kann keine Schenkungen vornehmen. So darf der Vorerbe Grundstücke, Häuser und Eigentumswohnungen, die sich im Nachlass befinden, nur mit Zustimmung des Nacherben veräußern. Schenkungen aus dem vorerbschaftlichen Nachlass sind ihm untersagt, sieht man von kleineren Anstands- und Gelegenheitsschenkungen ab. Wenn ein Vorerbe Teile des Vermögens – zum Beispiel große Geldbeträge – verschenkt hat, kann der Nacherbe einen Anspruch auf Rückgabe durchsetzen.

Beispiel

Klaus B. hat seine dritte Ehefrau Jacqueline A. als Vorerbin und Claudia B., die Tochter aus erster Ehe, als Nacherbin eingesetzt. Nach dem Ableben von Klaus B. schenkt Jacqueline A. ihrem Sohn aus einer früheren Beziehung einen wertvollen Oldtimer, den sie von Klaus B. geerbt hat. Der beschenkte Sohn hat keine lange Freude damit, da diese Zuwendung mit dem Tod von Jacqueline A. „null und nichtig" wird und er den Pkw an die Nacherbin Claudia B. herausgeben muss.

Zum Schutz des Nacherben wird im Grundbuch ein „Nacherbenvermerk" eingetragen. Dies hat zur Folge, dass jeder Interessent von vornherein abgeschreckt wird und Notare keinen Schenkungsvertrag ohne Zustimmung des Nacherben beurkunden.

EXPERTENTIPP

Personen, die einen Nachlass im Rahmen einer Vorerbschaft erhalten haben und einen Gegenstand hieraus verschenken möchten, sollten sich vorher durch einen Erbrechtsexperten beraten lassen, ob diese Zuwendung „bestandskräftig" ist oder ob sie dem späteren Zugriff eines Nacherben unterliegt.

Schenkung und Minderjährigenschutz

Aus steuerlichen Gründen wollen vermögende Leute mit der Übertragung von Immobilien auf ihren Nachwuchs schon frühzeitig beginnen. Alle zehn Jahre lässt sich so ein Steuerfreibetrag in Höhe von 400.000 Euro pro Kind ausnutzen. Doch Steuerersparnis ist eine Sache, der Schutz minderjähriger Kinder eine andere, die oft eine viel höhere Bedeutung hat. Eltern dürfen nämlich ein Kind durch die Übertragung von Grundstücken – und den damit manchmal verbundenen Verbindlichkeiten und Zahlungsverpflichtungen – nicht in Schwierigkeiten bringen. Die Rechtsprechung unterscheidet zwischen rechtlich vorteilhaften und rechtlich nachteiligen Zuwendungen.

Hans M. möchte seinem 15-jährigen Enkelsohn Robert eine Eigentumswohnung schenken. Die Eltern von Robert sind hierüber hoch erfreut, haben aber die Rechnung ohne den Grundbuchbeamten gemacht. Dieser hat nämlich festgestellt, dass der Vertrag der Wohnungseigentümergemeinschaft eine Wiederaufbauverpflichtung der Eigentümer für den Fall des Totalverlustes der Wohnanlage, etwa durch Brand oder Explosion, vorsieht. Der sorgfältige Grundbuchbeamte verweigert deshalb die Eintragung von Robert als Eigentümer im Grundbuch. Auch das angerufene Vormundschaftsgericht verweigert seine Zustimmung, weil das Risiko für Robert, den Wiederaufbau mitbezahlen zu müssen, zwar nicht sehr wahrscheinlich, aber doch rechtlich tatsächlich besteht.

Gerade noch vorteilhaft gilt nach der Rechtsprechung, wenn ein Grundstück bei der Übergabe an ein minderjähriges Kind mit Grundschulden belastet ist, das Kind aber nicht persönlich für die Rückzahlung der Darlehensverbindlichkeit haften muss. Nachteilig ist es bereits, wenn das Grundstück vermietet ist oder die Zahlung von Erbbauzins erfordert. Sofern es keinen triftigen Grund gibt, sollten Eltern auf die Übertragung von Immobilien auf minderjährige Kinder komplett verzichten.

Schenkung und Sozialhilferegress

Immer wieder kommt es vor, dass Väter und Mütter glauben, Gutes zu tun, wenn sie selbst wie eh und je sparsam und genügsam leben und ihr Vermögen vorzeitig an ihre Kinder weitergeben. Wenn Eltern allzu altruistisch handeln und im Interesse der Kinder ihre finanziellen Rücklagen auflösen, setzen sie sich der Gefahr aus, dass sie im Alter bei schwerer Krankheit und Pflegebedürftigkeit nicht mehr auf diese Reserven zurückgreifen können. Sozialhilfeträger müssen dann zur Deckung des dringenden Notbedarfs – etwa für Miet- und Pflegekosten – in Vorleistung treten. Sie prüfen jedoch, ob die in finanzielle Not geratenen Eltern Schenkungen wegen eingetretener „Verarmung" vom Beschenkten zurückfordern können, und bitten dann die Zuwendungsempfänger zur Kasse. Durch Widerruf und Rückforderung einer Schenkung wird der mittellos gewordene Übergeber wieder in die Lage versetzt, seinen angemessenen Unterhalt so weit wie möglich selbst zu bestreiten. Dieser Anspruch ist auf den Sozialhilfeträger überleitbar.

Beispiel

Die Witwe Frauke L. wohnt zur Miete und schenkt ihrer Tochter Marie – auf deren Drängen – eine kleine Eigentumswohnung, die sie sich über Jahrzehnte sprichwörtlich „vom Munde abgespart" hat. Einige Jahre später erleidet Frauke L. einen schweren Schlaganfall und muss ins Pflegeheim. Die wenigen Ersparnisse sind durch die hohen Heimkosten bald aufgebraucht. Der öffentliche Sozialhilfeträger übernimmt zunächst diese Aufwendungen, verlangt aber von Tochter Marie Erstattung der vorgeleisteten Kosten, ersatzweise Herausgabe der Wohnung.

Bevor es zu einer Rückforderung von Schenkungen kommt, wird zunächst das Aktivvermögen des Schenkers ermittelt. Denn an erster Stelle steht die Verwertung seines eigenen Vermögens. Erst im zweiten Schritt kommt eine Rückforderung der Schenkung in Frage. Entscheidend ist in diesem Zusammenhang die Frage, ob mit dem verschenkten Vermögen der Lebensunterhalt der in finanzielle Schwierigkeiten geratenen Person gedeckt werden kann. Ist eine Schenkung teilbar (zum Beispiel eine Geldsumme), muss die beschenkte Person nur den zur Behebung der Notlage erforderlichen Anteil des Geschenks herausgeben.

EXPERTENTIPP

Eine beschenkte Person kann die Rückgabe eines unentgeltlich erworbenen Vermögens unter bestimmten Voraussetzungen abwenden. Wenn die beschenkte Person selbst nach der Rückgabe in materielle Not geraten, also „bedürftig" werden würde, kann sie die Rückgabe eines Geschenks verweigern. Dies ist auch dann möglich, wenn die Schenkung lange zurückliegt. Nach einer Frist von zehn

Jahren zwischen erfolgter Schenkung und eingetretener Notlage ist kein Sozialhilferegress mehr möglich.

• •

Durch Schenkungen ganz legal Steuern sparen

Bei der Übertragung von Vermögen per Schenkung interessiert sich der Staat in Gestalt des Finanzamts für etwaige Steuerzahlungen. Dieses Kapitel erklärt, welche Steuerfreibeträge bei Schenkungen gelten, wie der Wert der Schenkung vom Finanzamt ermittelt wird und wie durch eine sorgfältig geplante und rechtzeitig im Voraus angelegte Übertragungen das Vermögen vor dem Zugriff des Fiskus geschützt werden kann.

Was wird besteuert?

Durch die Erbschaft- und Schenkungsteuer wird der unentgeltliche Vermögensübergang von einer Person auf eine andere Person besteuert. Dabei bestehen zwischen der Erbschaftsteuer und der Schenkungsteuer nur wenige Unterschiede. Der wohl gefährlichste Unterschied ist folgender: Erben Eltern von ihrem Kind, beträgt der Freibetrag je Elternteil 100.000 Euro. Schenkt das Kind den Eltern aber etwas, haben die Eltern jeweils nur einen Freibetrag von 20.000 Euro.

● ●

EXPERTENTIPP

Die Besteuerung einer Erbschaft oder einer Schenkung ist im Erbschaftsteuer- und Schenkungsteuergesetz geregelt und steht in keinem Zusammenhang mit der Einkommensteuer. Die Höhe des Einkommens eines Erben oder auch dessen Lohnsteuerklasse haben für die Erbschaftsteuer und die Schenkungsteuer keinerlei Bedeutung. Für die Besteuerung einer Erbschaft oder einer Schenkung ist es deshalb gleichgültig, ob und in welcher Höhe ein Erbe oder ein Beschenkter Einkommen erzielt. Die in diesem Buch genannten Steuerklassen haben auch mit den Steuerklassen auf der althergebrachten „Lohnsteuerkarte" nichts zu tun. Lohn- und Einkommensteuer ist eine Sache, die Schenkung- und Erbschaftsteuer eine ganz andere.

● ●

Vermächtnis und Pflichtteil sind steuerpflichtig

Neben Erbschaft und Schenkung gibt es weitere Möglichkeiten, ohne Gegenleistung ein Vermögen zu erwerben. An erster Stelle zu nennen ist hier das „Vermächtnis", das für Juristen etwas völlig anderes ist als eine Erbschaft. Es handelt sich nach dem Gesetz um einen per Testament oder Erbvertrag einer bestimmten Person zugewendeten Vermögensgegenstand, zum Beispiel um eine Sache (Auto, Bild, Aktien) oder eine Geldsumme. Der Anspruch auf Übergabe des Vermächtnisses richtet sich meist gegen den oder die Erben.

Schenken statt vererben

Auch solche Vermächtnisse unterliegen der Erbschaftsteuer. Dies gilt auch für den Pflichtteil, auf den nahe Verwandte einen Anspruch haben, die enterbt wurden. Der Pflichtteil entspricht dem Wert des halben Erbteils und ist von den Erben in Form von Geld auszuzahlen. Die Höhe des Pflichtteils errechnet sich aus dem Wert des Nachlasses nach Abzug der Nachlassverbindlichkeiten. Ist auch eine Abfindung steuerpflichtig, die eine Person für einen Verzicht auf einen entstandenen Pflichtteilsanspruch oder für die Ausschlagung einer Erbschaft oder eines Vermächtnisses erhält? Ja, auch diese Zahlungen zur Abgeltung eines Pflichtteilsanspruchs lösen Steuerforderungen des Finanzamts aus, sofern sie über dem jeweiligen Steuerfreibetrag liegen.

Was ist eine Schenkung?

Man könnte meinen, dass jedem klar ist, was unter einer Schenkung zu verstehen ist. Schaut man jedoch genauer hin, stellt man fest, dass viele Vorgänge gar nicht so eindeutig sind:

→ Zwei Vertragsparteien vereinbaren einen Kaufpreis für eine Sache, zum Beispiel ein Auto. Beide Seiten ahnen, dass der vereinbarte Preis weit unter dem Preis vergleichbarer Fahrzeuge liegt. Schenkung oder lediglich ein günstiges Geschäft für den Käufer?

→ Ein Bauträger in einer boomenden Großstadt – zum Beispiel Berlin – lernt alte Leute kennen, die ihr Grundstück veräußern wollen. Er weiß, dass die Grundstückspreise explodiert sind, bietet den alten Leuten deutlich mehr, als sie sich erhofft hatten, doch wesentlich weniger, als am Markt als Kaufpreis zu erzielen wäre. Cleveres Geschäft für den Bauträger oder Schenkung durch alte Menschen, die sich auf dem Markt nicht auskennen?

→ Noch ein Beispiel: Eltern haben sechs Kinder und übertragen ihr Haus zu Lebzeiten an eine Tochter, die nicht nur im Haus wohnt, sondern auch Pflegeleistungen erbringt. Ein Geschäft mit Leistung und Gegenleistung oder eine Schenkung, die zu versteuern ist?

Schenkung oder nur günstiges Geschäft

Die Abgrenzung zwischen einem günstigen Geschäft und einer Schenkung ist nicht immer einfach. Nach geltendem Steuerrecht liegt eine Schenkung unter Lebenden vor, wenn folgende Voraussetzungen erfüllt sind:

→ eine Zuwendung von Vermögen von einer Person an eine andere Person,

→ eine Unentgeltlichkeit der Zuwendung,

→ eine objektive Bereicherung des Empfängers der Leistung auf Kosten des Zuwendenden,

→ eine Freigebigkeit der Zuwendung. Hierunter ist der Wille des Leistenden zu verstehen, dem Empfänger die Bereicherung per Schenkung zu verschaffen. Auf den Willen des Empfängers, etwas als Schenkung zu erhalten, kommt es nicht an.

Keine Schenkung im Sinne des Steuerrechts liegt etwa vor,

→ bei einem bloß günstigen Kaufpreis,

→ wenn sich die Parteien über den Wert einer Sache irren und deshalb einen weit überhöhten oder einen weit unter dem Wert liegenden Preis vereinbaren.

Wer ist steuerpflichtig?

Ob eine Zuwendung von einer Person an eine andere Erbschaft- oder Schenkungsteuer auslöst, hängt unter anderem davon ab, welche Personen an dem Vorgang beteiligt sind. So fällt eine Steuer nur an, wenn eine „persönliche Steuerpflicht" besteht.

Unbeschränkte Steuerpflicht

Bei einer unbeschränkten Steuerpflicht muss das gesamte vererbte oder verschenkte „Weltvermögen" in Deutschland versteuert werden. Zur unbeschränkten Steuerpflicht kommt es, wenn

→ der Erblasser oder der Erbe im Erbfall ein „Inländer" ist,

→ der Schenker oder der Beschenkte zum Zeitpunkt der Schenkung ein „Inländer" ist.

Inländer ist jeder Mensch, der im Inland einen Wohnsitz oder einen gewöhnlichen Aufenthalt hat.

Ein unentgeltlicher Vermögensübergang, sprich eine Erbschaft oder eine Schenkung, unterliegt somit immer dann der unbeschränkten Steuerpflicht, wenn mindestens eine der folgenden Voraussetzungen vorliegt:

→ **Der Erblasser ist zum Zeitpunkt des Todes Inländer.**

→ **Der Erbe, Vermächtnisnehmer oder sonstige Erwerber von Todes wegen ist zum Zeitpunkt des Erbfalls Inländer.**

→ **Der Schenker ist zum Zeitpunkt der Schenkung Inländer.**

→ **Der Beschenkte ist zum Zeitpunkt der Schenkung Inländer.**

• •

Beispiel

Der französische Staatsangehörige Lionel B. lebt zusammen mit seiner kanadischen Ehefrau Vanessa B. dauerhaft in Deutschland. Lionel B. setzt seine Frau als Alleinerbin ein. Bei seinem Tod hinterlässt er neben einer Immobilie in Deutschland ein Ferienhaus in Südfrankreich und eine Beteiligung an einer Kapitalgesellschaft in Österreich, die in Tirol eine Hotelanlage betreibt. Vanessa B. hat das gesamte ererbte Vermögen in Deutschland zu versteuern. Da sie mit ihrem Ehemann in Deutschland gelebt hat, sind beide Inländer. Dies führt zur unbeschränkten Steuerpflicht. Es spielt deshalb keine Rolle, ob sich das ererbte Vermögen in Deutschland, in Frankreich oder in Österreich befindet. Das gesamte Vermögen unterliegt der deutschen Steuer.

• •

Auch Personen, die nicht mehr im Bundesgebiet leben, können Inländer im Sinne des Steuerrechts sein. Deutsche Staatsangehörige, die im Inland keinen Wohnsitz haben, sich zum Zeitpunkt des Erwerbsvorgangs jedoch noch nicht länger als fünf Jahre dauernd im Ausland aufgehalten haben, gelten noch als Inländer. Sie sind somit auch nach ihrem Wegzug aus Deutschland immer noch unbeschränkt steuerpflichtig.

Der deutsche Unternehmer Kurt L. veräußert seine Firma sowie alles, was er in Deutschland besitzt, und zieht mit seiner Ehefrau Erika L. nach Spanien. Das Ehepaar kauft eine Villa in Benidorm und legt das Vermögen in mehreren Ländern – Spanien, USA, Brasilien, Mexiko – an. Kurt L. genießt die vielen Sonnentage und die lockere spanische Lebensart – und fühlt sich vor Forderungen des deutschen Fiskus sicher, dem er als Unternehmer und als Privatperson Jahr für Jahr viel Geld überwiesen hat. Vier Jahre nach dem Umzug stirbt Kurt L. unerwartet nach einem Schlaganfall. Nun hat Erika L. als Alleinerbin das gesamte Erbe in Deutschland zu versteuern, da ihr Mann zum Zeitpunkt seines Todes noch keine fünf Jahre im Ausland gelebt hat. Die Witwe fällt aus allen Wolken, da sie mit Post vom deutschen Finanzamt nicht mehr gerechnet hatte.

Als Erika zwölf Jahre nach ihrem Kurt in Spanien stirbt, erbt der gemeinsame Sohn, Uwe L., Zahnarzt in Karlsruhe. Auch Uwe glaubt, dass er vom deutschen Finanzamt keine Zahlungsaufforderungen mehr erhält, da ja die Mutter lange Zeit in Spanien verbracht hat und kein Vermögen in Deutschland besitzt. Doch ein Fachanwalt für Erbrecht klärt Uwe über seinen Irrtum auf. Da der Sohn und Erbe als „Inländer" in Deutschland lebt, unterliegt das gesamte von der Mutter ererbte „Weltvermögen", das noch immer in Spanien, in den USA, in Brasilien und in Mexiko angelegt ist, der unbeschränkten Steuerpflicht in Deutschland.

Das vorangehende Beispiel zeigt, dass es nicht ganz einfach ist, sich aus der unbeschränkten Steuerpflicht in Deutschland zu verabschieden. Doch selbst wenn das gelingt, kann es noch zu einer beschränkten Steuerpflicht für einzelne Gegenstände kommen.

Beschränkte Steuerpflicht

Der beschränkten Steuerpflicht unterliegt nur inländisches Vermögen, somit das in Deutschland liegende Vermögen. Schenkungsteuer ist danach auch von anderen Staatsangehörigen zu zahlen, die in Deutschland keinen Wohnsitz haben, wenn sie ein in Deutschland gelegenes Vermögen per Schenkung oder Erbschaft erhalten.

Ein in Madrid lebender Spanier erhält von einem ebenfalls dort lebenden Franzosen per Schenkung Grundstücke in Deutschland, in Italien, in Frankreich und in Griechenland. Der Spanier unterliegt in Deutschland der Steuerpflicht. Berechnet wird jedoch lediglich die Steuerlast für das in Deutschland gelegene Grundstück, nicht für die Grundstücke in anderen Ländern. Alle anderen Schenkungen spielen bei den Prüfungen und Berechnungen des deutschen Finanzamts keine Rolle, die Steuerpflicht ist auf das in Deutschland gelegene Vermögen „beschränkt".

Freibeträge

Die Höhe der Schenkung- oder Erbschaftsteuer hängt vor allem von den beteiligten Personen ab. So bestimmt das Verwandtschaftsverhältnis des Erwerbers zum Schenker (oder Erblasser) die Höhe der persönlichen Freibeträge. Freibeträge reduzieren die Steuerlast vor allem bei nahen Angehörigen (Ehepartner, Kinder) um sehr hohe Beträge. Bevor Steuerklassen und Steuersätze zu beachten sind, muss im ersten Schritt geprüft werden, ob überhaupt der jeweilige Freibetrag überschritten wird. Alle Schenkungen oder Erbschaften, die unter dem Freibetrag bleiben, sind steuerfrei.

ÜBERSICHT: ERBSCHAFTSTEUER-KLASSEN UND -FREIBETRÄGE

Steuerklasse	Erwerber	Freibetrag in Euro
I	Ehegatte und Lebenspartner nach dem LPartG	500.000

Steuerklasse	Erwerber	Freibetrag in Euro
I	Kind und Stiefkind, Enkel und Urenkel, wenn die Eltern vor-verstorben sind	400.000
I	Enkel und Urenkel, wenn die Eltern noch leben	200.000
I	Eltern und Großeltern bei Erwerben von Todes wegen	100.000
II	Eltern und Großeltern im Falle einer Schenkung, Geschwister, Neffen, Nichten, Stiefeltern, Schwiegerkinder, Schwiegereltern, Geschiedener Ehegatte und der Lebenspartner einer aufgehobenen Lebenspartnerschaft	20.000
III	Alle Übrigen	20.000

Beispiel

Der Ehemann und Vater Heiner L. wird von seiner Ehefrau Lydia L. zu ein Halb und von seinen drei Kindern Martina, Christine und Hermann zu je einem Sechstel beerbt. Er hinterlässt ein Vermögen von 1.200.000 Euro. Wertmäßig erhält somit die Ehefrau einen Nachlass im Wert von 600.000 Euro. Die drei Kinder erben eine Summe von je 200.000 Euro. Da der Freibetrag von Ehefrau Lydia 500.000 Euro beträgt, muss sie 100.000 Euro versteuern. So jedenfalls, wenn sie nicht noch einen zusätzlichen Versorgungsfreibetrag hat. Die drei Kinder haben jeweils einen Freibetrag von 400.000 Euro. Bei ihnen fällt keine Steuer an.

Beim Verschenken eines großen Vermögens mit dem Ziel der Steuerersparnis kommt es ganz entscheidend darauf an, die persönlichen Steuerfreibeträge mehrerer Personen auszureizen. Da nach zehn Jahren die Freibeträge erneut nutzbar sind, kann man immer wieder steuerfrei ein mehr oder minder großes Vermögen bis zur Höhe der Freibeträge weiterreichen. Über mehrere Jahrzehnte können sich steuerfreie Schenkungen zu hohen Steuerersparnissen summieren.

Sachliche Steuerbefreiungen

Neben den oben dargestellten persönlichen Steuerfreibeträgen können beschenkte Personen auch „sachliche Steuerbefreiungen" geltend machen. Die in der Praxis häufigsten sachlichen Steuerbefreiungen betreffen folgende Gegenstände:

→ Hausrat einschließlich Wäsche- und Kleidungsstücke sind bei einem Erwerb durch Personen der Steuerklasse I bis zu einem Wert von 41.000 Euro steuerfrei, bei Erwerbern der Steuerklasse II und III bis zu einem Wert von 12.000 Euro.

→ Sonstige bewegliche körperliche Gegenstände sind für Erwerber der Steuerklasse I bis zu 12.000 Euro steuerfrei.

→ Kunst- und Kulturgegenstände bleiben unter bestimmten Umständen fast vollständig steuerfrei.

→ Schenkungen an erwerbsunfähige Eltern und Großeltern bleiben steuerfrei, soweit sie mit dem übrigen Vermögen des Erwerbers den Betrag von 41.000 Euro nicht übersteigen.

→ Wer eine Person vor ihrem Tod unentgeltlich oder gegen eine nicht ausreichende Bezahlung gepflegt oder unterhalten hat, kann hierfür eine von Steuer befreite Zuwendung von 20.000 Euro geltend machen.

→ Zuwendungen an Religionsgemeinschaften und steuerbegünstigte gemeinnützige oder mildtätige Körperschaften sind steuerfrei.

Weitere sachliche Steuerbefreiungen gewährt das Gesetz unter bestimmten Umständen auf selbst genutzte Immobilien und Betriebsvermögen (siehe hierzu das Kapitel 8).

Steuerklassen und Steuertarife

Die Erwerber von Vermögen werden nach ihren persönlichen Verhältnissen zum Schenker (oder Erblasser) in drei verschiedene Steuerklassen eingeteilt.

Steuerklasse I

Zur Steuerklasse I gehören folgende Personen:

➜ Ehegatte und der Lebenspartner einer eingetragenen Lebenspartnerschaft,
➜ Kinder und Stiefkinder,
➜ Abkömmlinge der zuvor genannten Kinder und Stiefkinder,
➜ Eltern und Voreltern bei Erwerben von Todes wegen.

Steuerklasse II

Zur Steuerklasse II gehören folgende Personen:

➜ Eltern und Voreltern, soweit sie nicht zur Steuerklasse I gehören, somit wenn kein Erwerb von Todes wegen vorliegt,
➜ Geschwister,
➜ Abkömmlinge ersten Grades von Geschwistern,
➜ Stiefeltern,

- → Schwiegerkinder,
- → Schwiegereltern,
- → geschiedene Ehegatten und der Lebenspartner einer aufgehobenen Lebenspartnerschaft.

Steuerklasse III

Zur Steuerklasse III gehören alle übrigen Erwerber und die Zweckzuwendungen.

Steuersätze

Die tatsächliche Höhe der Steuer wird durch die Freibeträge und die Steuersätze bestimmt. Schenkungen unter dem Freibetrag werden nicht besteuert. Erst bei Schenkungen, die den Freibetrag übersteigen, ist Steuer zu zahlen. Die Steuersätze steigen mit zunehmender Höhe des zu versteuernden Vermögens. Die Höhe der geschuldeten Steuer wird maßgeblich durch die Steuerklassen beeinflusst. Während bei Personen der Steuerklasse I ein „steuerpflichtiger Erwerb" von bis zu 75.000 Euro lediglich mit sieben Prozent zu versteuern ist, liegt der Mindeststeuersatz von Personen der Steuerklasse III bereits bei 30 Prozent. Dies gilt ohne Unterschied sowohl bei einem Erwerb von Todes wegen als auch bei einer Schenkung unter Lebenden.

• •

ÜBERSICHT „ERBSCHAFT- UND SCHENKUNGSTEUER-TARIF"

Steuerpflichtiger Erwerb bis einschließlich ... EUR	Prozentsatz in der Steuerklasse		
	I	II	III
75.000	7	15	30
300.000	11	20	
600.000	15	25	
6.000.000	19	30	

	Prozentsatz in der Steuerklasse		
Steuerpflichtiger Erwerb bis einschließlich ... EUR	I	II	III
13.000.000	23	35	
26.000.000	27	40	50
über 26.000.000	30	43	

Der Begriff des „steuerpflichtigen Erwerbs" ist nicht ganz einfach zu verstehen. Es handelt sich um die verschenkte (oder vererbte) Summe, die den Freibetrag übersteigt.

Beispiel

Ein Kind, das von seinem Vater 500.000 Euro geschenkt bekommt, muss nur für den „steuerpflichtigen Erwerb" von 100.000 Euro tatsächlich Steuern zahlen. Denn für Kinder gilt der Steuerfreibetrag von 400.000 Euro pro Elternteil. Bei den in der Tabelle genannten „steuerpflichtigen Erwerben" handelt es sich somit um Beträge, die nach Abzug der Steuerfreibeträge als zu versteuernder Betrag verblieben sind. Wer wie Freunde und Bekannte lediglich einen Freibetrag von 20.000 Euro geltend machen kann, muss wissen, dass ein „steuerpflichtiger Erwerb" schon bei Überschreitung dieser vergleichsweise geringen Summe vorliegt. Bei einer Schenkung von 120.000 Euro beträgt der „steuerpflichtige Erwerb" somit 100.000 Euro, davon nimmt der Fiskus 30 Prozent, das heißt 30.000 Euro! Die in der Tabelle dargestellten Werte sind echte Grenzwerte. Sie gelten in voller Höhe jeweils für den gesamten „steuerpflichtigen Erwerb". Lediglich für sehr geringe Überschreitungen der Grenzwerte gibt es Sonderregelungen.

Da gerade die Zuwendung an fremde Personen hohe Steuern auslöst, sollten unverheiratete Partner das Thema „Heirat" nicht vorschnell ad acta legen. Eine Eheschließung befördert eine Partnerin oder einen Partner ohne Trauschein (Freibetrag: 20.000 Euro) zu einem steuerlich stark privilegierten Ehegatten (Freibetrag: 500.000 Euro). Ist diese Lösung nicht gewollt, ist zu prüfen, ob einem unehelichen Partner mit der Zuwendung von Nutzungsrechten geholfen werden kann. So ist es vielfach vernünftig, einem Partner ohne Trauschein statt des Eigentums nur den Nießbrauch an einer gemeinsam genutzten Wohnung zuzuwenden. Der Partner kann dann die Wohnung wie ein Eigentümer nutzen und ist damit oft ausreichend abgesichert. Versteuern muss er jedoch nur den Wert der Nutzung und nicht den gesamten Wert der Immobilie. Auch kann eine Person, die lediglich ein Nutzungsrecht erhalten hat, beantragen, dass sie die auf dieses Recht entfallende Steuer nur jährlich im Voraus für den Wert der Nutzung in dem jeweiligen Jahr zu leisten hat. An die Stelle einer einmaligen hohen Steuerzahlung treten in diesem Fall maßvolle Überweisungen jeweils zum Jahresbeginn.

Nutzung aller Freibeträge

Kinder haben einen Steuerfreibetrag von 400.000 Euro. Soll das Familienvermögen gleichmäßig auf mehrere Kinder übertragen werden, ist es oft allein aufgrund der Steuerfreibeträge möglich, die Übertragung durchzuführen, ohne dass ein Cent Steuern zu zahlen ist.

Beispiel

So kann etwa das Vermögen eines Erblassers von 1.700.000 Euro steuerfrei an den Ehegatten und drei Kinder vererbt werden, indem der Ehegatte zwar zum Alleinerben eingesetzt wird, jedoch an die drei Kinder Vermächtnisse in Höhe von jeweils 400.000 Euro auszuzahlen hat. So erhält der Ehegatte 500.000 Euro und damit nur Vermögen in Höhe seines Freibetrages. Gleiches gilt für die Kinder, die jeweils 400.000 Euro erhalten und damit auch nur Zuwendungen in Höhe ihrer Freibeträge.

Eine einmalige steuerfreie Übertragung eines größeren Vermögens an eine einzige Person, zum Beispiel ein Kind, ist oft nicht möglich. Wenn das übertragene Vermögen den Freibetrag übersteigt, fallen Steuern an. Wer dennoch ein großes Vermögen an eine Person übertragen möchte, sollte die Übertragung auf die nächste Generation frühzeitig planen und durch wiederholte Schenkungen steueroptimiert gestalten. Mehrere Schenkungen werden nämlich nur dann zusammengerechnet, wenn sie innerhalb von zehn Jahren erfolgen. Anders ausgedrückt: Die persönlichen Freibeträge lassen sich alle zehn Jahre erneut nutzen. Zudem bestehen die Freibeträge von Kindern im Verhältnis zu jedem Elternteil. Schenken also der Vater und die Mutter dem Kind jeweils einen Betrag von 400.000 Euro, sind beide Schenkungen steuerfrei. Alle zehn Jahre sind so Schenkungen von beiden Eltern an jedes Kinder bis zum Maximalbetrag von 800.000 Euro steuerfrei möglich.

Beispiel

Das vermögende Unternehmerehepaar Dietlinde und Maximilian K. hat nur ein Kind namens Alexander K. Das gesamte Vermögen beider Elternteile soll Alexander erhalten, niemand sonst. Um möglichst viele Freibeträge zu nutzen, schenken Vater und Mutter dem einzigen Sohn alle zehn Jahre Vermögenswerte von jeweils 400.000 Euro, somit 800.000 Euro. Dieser Vorgang wird drei Mal wiederholt. Doch drei Jahre nach der letzten Schenkung stirbt Dietlinde K. und hinterlässt dem Sohn ein Vermögen in Höhe von weiteren 900.000 Euro. Steuerlich ist dieser Sterbezeitpunkt seiner Mutter für Alexander sehr ungünstig. Denn die letzte Schenkung liegt noch keine zehn Jahre zurück, daher werden diese 400.000 Euro und die 900.000 Euro Erbschaft addiert. Alexander muss Steuern zahlen. Von den 1,3 Millionen sind 400.000 Euro als Freibetrag abzuziehen. Der Sohn muss auf 900.000 Euro Steuern zahlen. Das bedeutet bei einem Steuersatz von 19 Prozent eine Steuerlast von 171.000 Euro.

Kettenschenkung zur Schaffung von Freibeträgen

Können auch Eltern einem ihrer Kinder 800.000 Euro per Schenkung zukommen lassen, wenn ein Elternteil reich wie Krösus ist und der andere arm wie eine Kirchenmaus? In diesem Fall können beide Eltern mit einem Trick beide Freibeträge der Kinder nutzen, um Steuern zu sparen. Dies ist möglich, wenn ein Ehegatte zunächst dem anderen Ehegatten Vermögen unter Ausnutzung des Ehegattenfreibetrages von 500.000 Euro überträgt und der beschenkte Ehegatte dann einige Zeit später eine Schenkung an das Kind vornimmt. Voraussetzung einer solchen Kettenschenkung ist jedoch, dass der beschenkte Ehegatte rechtlich frei über das erhaltene Vermögen verfügen konnte und zwischen der ersten Schenkung und der Weitergabe des geschenkten Gegenstandes eine gewisse „Schamfrist" vergangen ist. Wird das Geschenk des Ehegatten sofort an das Kind weitergeschenkt, besteht die Gefahr, dass das Finanzamt einen „Gestaltungsmissbrauch" annimmt und aus diesem Grunde von einer Schenkung unmittelbar an das Kind (und nicht an den Ehegatten) ausgeht. Dann geht ein Freibetrag verloren.

● ●

EXPERTENTIPP

Schwiegerkinder unterliegen nicht wie Kinder und Stiefkinder der Steuerklasse I, sondern der Steuerklasse II. Sie haben nicht nur einen schlechteren Steuertarif als die Kinder und Stiefkinder, sondern auch nur einen geringen Freibetrag von lediglich 20.000 Euro. Deshalb wirken sich größere Schenkungen an den Schwiegersohn oder die Schwiegertochter, die über den Betrag von 20.000 Euro hinausgehen, steuerlich ungünstig aus. Statt einer Schenkung an ein Schwiegerkind sollte man eher dem eigenen Kind etwas schenken. Das Kind kann dann zu einem späteren Zeitpunkt das Geschenk unter Ausnutzung des Ehegattenfreibetrages an seinen Partner, somit den Schwiegersohn oder die Schwiegertochter weiterschenken. Auch hier kommt es entscheidend darauf an, die Kettenschenkung nicht sofort vorzunehmen, sondern abzuwarten: Erst nach einer gewissen „Schamfrist" zwischen den Schenkungen akzeptiert das Finanzamt die beiden aufeinander folgenden Transaktionen als zwei unabhängige Vorgänge.

● ●

Schenkung an Enkelkinder

Im Rahmen einer steuergünstigen Vermögensübertragung auf nachfolgende Generationen sollten vermögende Leute auch an ihre Enkel denken. Enkel haben seit der Erbschaftsteuerreform 2009 einen Freibetrag von 200.000 Euro. Nutzt man diese Freibeträge über zeitlich gestaffelte Schenkungen, ist es möglich, mehreren Enkeln Beträge in Millionenhöhe steuerfrei zu übertragen.

Beispiel

Irene und Walter A. sind sehr vermögende Eltern und Großeltern. Ihre Töchter Karin und Milena und ihr Sohn Dominik haben jeweils zwei Kinder. Es gibt somit sechs Enkelkinder. Die Großeltern wollen ihr großes Vermögen nicht vollständig ihren Kindern zukommen lassen, sondern auch den Enkelkindern etwas zuwenden. Die Ehepartner und Großeltern schenken aus diesem Grund ihren Kindern jeweils Vermögen in Höhe ihrer Freibeträge von 400.000 Euro, pro Kind also 800.000 Euro, insgesamt also 2,4 Millionen Euro. Dies wiederholen die Eltern alle zehn Jahre. Um noch mehr Vermögen am Fiskus vorbei weiterzureichen, schenken Großmutter und Großvater allen sechs Enkelkindern jeweils einen Betrag in Höhe des Freibetrags von 200.000 Euro, pro Enkelkind also 400.000 Euro. Insgesamt übertragen die Großeltern auf diese Weise 2,4 Millionen Euro steuerfrei auf die übernächste Generation. Irene und Walter A. sind sehr großzügig gegenüber den eigenen Nachkommen, jedoch sehr geizig gegenüber dem Fiskus. Alle zehn Jahre bekommen die Enkel erneut jeweils von Großvater und Großmutter 200.000 Euro und die Kinder jeweils 400.000 Euro. So wandern alle zehn Jahre insgesamt 4,8 Millionen Euro in die Taschen der Kinder und Enkel, jedes Mal bleibt für den Staat kein Cent übrig.

Wer einem Enkel ein Vermögen übertragen will, das über 200.000 Euro liegt, sollte wieder an die segensreiche Wirkung der Kettenschenkung unter Beachtung einer gewissen „Schamfrist" denken. Das Vermögen, das über 200.000 Euro liegt, sollte man dem eigenen Kind zuwenden. Das Kind kann dann unter Ausnutzung des Freibetrages von 400.000 Euro Vermögen an das eigene Kind (somit das Enkelkind) weiterschenken. Vor allem bei Schenkungen im Wert zwischen 200.000 Euro und 400.000 Euro kann diese Vorgehensweise sinnvoll sein.

Eine Großmutter möchte ihrer Enkelin 400.000 Euro schenken. Die Schenkungsteuer berechnet sich wie folgt:

Schenkung	400.000 Euro
abzüglich Freibetrag der Enkelin	200.000 Euro
Steuerpflichtiger Erwerb	200.000 Euro

Die Schenkungsteuer beträgt 11 Prozent und somit 22.000 Euro.

Variante

Schenkt die Großmutter die 400.000 Euro hingegen ihrem Sohn und schenkt dieser sie später an seine Tochter – die Enkelin – weiter, errechnet sich folgende Schenkungsteuer:

Schenkung der Großmutter an den Sohn	400.000 Euro
abzüglich persönlicher Freibetrag des Sohnes	400.000 Euro
Steuerpflichtiger Erwerb	0 Euro

Es fällt keine Steuer an.

Schenkung des Sohnes an seine Tochter:	400.000 Euro
abzüglich Freibetrag der Tochter	400.000 Euro
Steuerpflichtiger Erwerb	0 Euro

Es fällt keine Steuer an.
Die Steuerersparnis beträgt in der Variante 22.000 Euro.

Bei Schenkungen an Kinder oder Enkelkinder, die noch nicht die Volljährigkeit erreicht haben, ist besondere Vorsicht geboten. In solchen Fällen sind oft die Bestellung eines Ergänzungspflegers und die Zustimmung des Vormundschaftsgerichts erforderlich. Das kostet meist viel Zeit und Geld.

Schenkung- und Einkommensteuer sparen

Sehr vermögende Eltern nutzen Freibeträge mehrfach. Sie übertragen ihren Kindern bereits frühzeitig Wertpapiere oder Sparguthaben und wiederholen dies alle zehn Jahre. Dies führt zu folgendem Effekt: Die Erträge auf die verschenkten Wertpapiere oder Sparguthaben werden bei der Einkommensteuer bereits von den Kindern versteuert. Die Kinder, die finanziell beim Nullpunkt beginnen, unterliegen meist einer geringeren Steuerprogression als ihre vermögenden Eltern. Im Ergebnis führt eine frühzeitige Schenkung so nicht nur zu einer Reduzierung der Schenkungsteuer, sondern meist auch zu einer Ersparnis bei der Einkommensteuer.

• •

EXPERTENTIPP

Behalten Eltern sich vertraglich den Zugriff auf verschenktes Vermögen vor, ist besondere Vorsicht geboten. Zwar sind derartige Vorbehalte sinnvoll, weil bei minderjährigen Kindern und jungen Erwachsenen nicht unbedingt mit wirtschaftlich sinnvollem Handeln zu rechnen ist und die künftige Entwicklung noch nicht absehbar ist. Vorbehalte und Rückforderungsrechte können aber erhebliche steuerliche Probleme schaffen. Die Rechtsprechung verlangt nämlich, dass der Schenkungsgegenstand eindeutig und endgültig in das Vermögen des Kindes übergeht. Diese Voraussetzung ist nicht erfüllt, wenn Eltern die freie Verfügungsbefugnis über das Geschenk behalten oder die Schenkung unter fast beliebigen Gründen zurückfordern können.

• •

Steuern sparen durch Nutzungsrechte

Die Übertragung von Immobilien zu Lebzeiten kann Steuern sparen. Der Wunsch, Steuern zu sparen, darf aber nicht dazu führen, dass die persönliche Absicherung des Schenkers nicht mehr gesichert ist. Wer Teile seines Vermögens verschenkt, soll seinen gewohnten Lebensstandard halten können. Deshalb muss er oft die verschenkte Sache noch selber bis zu seinem Tode nutzen.

Das ist durch einen Nießbrauch und eingeschränkt auch durch ein Wohnungsrecht möglich. Solche Nutzungsrechte erhalten dem Übergeber nicht nur die Nutzung der Sache, sie führen auch zu einer Reduzierung der Steuer. Der Wert des vorbehaltenen Nutzungsrechtes wird für die Berechnung der Steuer nämlich von dem Wert der Immobilie abgezogen. Nur der verbleibende Betrag wird der Besteuerung zugrunde gelegt.

Beispiel

Der Vater Josef O. verschenkt eine Immobilie im Wert von 700.000 Euro an seinen Sohn, behält sich jedoch den lebenslangen Nießbrauch an der Immobilie vor. Der Sohn hat dann nicht den gesamten Wert der Immobilie in Höhe von 700.000 Euro zu versteuern, sondern nur den Betrag, der sich nach Abzug des Wertes des Nießbrauchs vom Wert der Immobilie ergibt. Hat der Nießbrauch unter Berücksichtigung der statistischen Lebenserwartung des Vaters beispielsweise einen Wert von 300.000 Euro, hat der Sohn lediglich den verbleibenden Wert der Schenkung in Höhe von 400.000 Euro zu versteuern. Da dieser Wert seinem Freibetrag entspricht, fällt keine Steuer an.

Der Wert eines lebenslangen Nießbrauchs bemisst sich nach dem jährlichen Wert der Nutzung einerseits und der statistischen Lebenserwartung des Schenkers andererseits. Der „Kapitalwert" eines lebenslangen Nießbrauchs ergibt sich aus einer Tabelle, die jährlich vom Bundesministerium für Finanzen erstellt und im Bundessteuerblatt veröffentlicht wird.

Grundsätzlich ist der Jahreswert der Nutzung mit dem Kapitalwert des lebenslangen Nießbrauchs entsprechend der jeweils aktuell veröffentlichten Tabelle zu multiplizieren. Das ist jedoch nicht in jedem Fall die Berechnungsgrundlage. Wenn so die unter Vorbehalt eines Nießbrauchs verschenkte Immobilie steuerlich keinen oder einen zu geringen Wert hat, sieht das Gesetz eine begrenzte Wertminderung vor. So beträgt der Jahreswert einer Nutzung höchstens den Betrag, der sich ergibt, wenn der für das gesamte Wirtschaftsgut anzusetzende Wert durch 18,6 geteilt wird.

Ein Vater überträgt seinem Sohn ein Mehrfamilienhaus. Die Immobilie hat einen steuerlichen Wert von 1,2 Millionen Euro. Die Nettoeinnahmen betragen monatlich 7.500 Euro, somit jährlich 90.000 Euro. Der Nießbrauch errechnet sich wie folgt:

Die Immobilie ist 1,2 Millionen Euro wert. Der nach der derzeitigen Rechtslage begrenzte Jahreswert der Nutzung beträgt damit 64.516 Euro (1.200.000 geteilt durch 18,6). Anzusetzen ist somit nicht der tatsächliche Wert der Nutzung in Höhe von 90.000 Euro jährlich, sondern nur der per Gesetz begrenzte Wert von 64.516 Euro.

Rückforderungsrechte

In Schenkungsverträgen finden sich häufig Rückforderungsrechte zugunsten des Schenkers. Oft vereinbaren die Vertragspartner, dass die Immobilie an den Schenker zurück zu übertragen ist, wenn der Beschenkte die Immobilie veräußert oder belastet oder ohne eigene Abkömmlinge vor dem Schenker verstirbt. Derartige Rückforderungsrechte sichern nicht nur den Schenker, sie können auch zu einer Reduzierung der Steuerpflicht beitragen. Das Gesetz sieht nämlich vor, dass eine Steuer rückwirkend wieder erlischt, wenn ein Geschenk wegen eines Rückforderungsrechtes herausgegeben werden muss.

Ein Vater hat seiner Tochter eine Immobilie im Wert von 600.000 Euro geschenkt. Für den Fall der Veräußerung oder einer Belastung der Immobilie und auch für den Fall von Vollstreckungsmaßnahmen in die Immobilie hat er sich eine Rückforderung vorbehalten. Einige Jahre später gerät die Tochter in finanzielle Schwierigkeiten. Die Immobilie wird von einem Gläubiger mit einer Sicherungshypothek belastet. Dies führt zur Fälligkeit des Rückübertragungsanspruchs, den der Vater auch ausübt. Dadurch entfällt rückwirkend die seinerzeit angefallene und gezahlte Steuer für die Schenkung der Immobilie. Auch für den Rückerwerb fällt keine Steuer an, da es sich nicht um eine Schenkung der Tochter an den Vater handelt, sondern um eine vertraglich geschuldete Rückübertragung.

$$\cdots\cdots\cdots\cdots\cdots\cdots\cdots\cdots\cdots\cdots\cdots$$

Steuerfreie Übertragung des Familienheims

Nach derzeit geltendem Steuerrecht kann ein Ehepartner dem anderen zu Lebzeiten das selbst bewohnte „Familienheim" steuerfrei übertragen. Voraussetzung für die Steuerfreiheit ist,

→ dass das Haus oder die Wohnung den Mittelpunkt des familiären Lebens zu eigenen Wohnzwecken darstellt.

→ Zudem muss es sich in einem Mitgliedsstaat der Europäischen Union oder in einem Staat des Europäischen Wirtschaftsraums befinden.

→ Ferien- und Wochenendhäuser können dagegen nicht steuerfrei übertragen werden.

Der Wert des Familienheims sowie seine Größe sind völlig unerheblich. Auch gibt es keine Behaltensfrist. Deshalb kann dieser Steuervorteil sogar mehrfach genutzt werden.

Beispiel

Der 66-jährige Berliner Unternehmer Carsten D. ist Eigentümer diverser Immobilien. Seine Ehefrau Yvonne D. nennt lediglich zwei kleine Eigentumswohnungen ihr Eigen. Um einen gewissen Ausgleich der Vermögensverhältnisse zu schaffen, überträgt Carsten das ihm gehörende „Familienheim" an Yvonne. Der Wert der von Carsten und Yvonne bewohnten Immobilie beträgt ca. 900.000 Euro. Zwei Jahre später setzt der Unternehmer sich zur Ruhe und zieht mit seiner Ehefrau nach Süddeutschland. Dort erwirbt er ein bebautes Seegrundstück im Wert von 3,5 Millionen Euro. Kurz nach dem Einzug der Eheleute überträgt er auch diese Immobilie an seine Ehefrau. Beide Übertragungen sind steuerbefreit.

Ein Ehepartner kann eine Immobilie, die ihm gehört und die von den Eheleuten genutzt wird, dem anderen Ehepartner steuerfrei übertragen. Eine solche Schenkung ist nicht mit der steuerlich privilegierten Übertragung der selbstgenutzten Immobilie im Todesfall zu verwechseln. Für diese gelten andere Voraussetzungen.

Bei der Übertragung einer Villa, eines Wohnhauses oder einer Eigentumswohnung zu Lebzeiten der Partner kommt es darauf an, dass die Eheleute in der jeweiligen Immobilie den Mittelpunkt des familiären Lebens haben. Nicht notwendig ist, dass die Immobilie auch in den folgenden Jahren als Familienheim genutzt wird.

Wird eine Immobilie nicht verschenkt, sondern vererbt, sieht dies anders aus. So ist es nach dem Tod des die Immobilie vererbenden Ehepartners ganz entscheidend, dass der länger lebende Partner die Immobilie noch zehn Jahre lang selbst bewohnt. Bei einem vorzeitigen Verkauf oder einer Vermietung vor Ablauf der Zehn-Jahres-Frist wird der Steuervorteil nicht gewährt.

Bewertung der verschenkten Immobilie

Grundvermögen wird seit der Erbschaftsteuerreform des Jahres 2009 mit dem Verkehrswert bewertet. Wie der Verkehrswert ermittelt wird, hängt von der Art des Grundstückes sowie von dessen Nutzung ab.

Der Wert unbebauter Grundstücke errechnet sich über die Multiplikation der Quadratmeterzahl mit dem „Bodenrichtwert". Dieser kann bei den örtlich zuständigen Gutachterausschüssen für Grundstückswerte erfragt werden.

Die Bewertung bebauter Grundstücke erfolgt nach steuerlichen Bewertungsverfahren. Je nach Art der Immobilie ist ein Vergleichswert, der Ertragswert oder der Sachwert der Immobilie maßgeblich.

Vergleichswertverfahren

Nach dem Vergleichswertverfahren werden folgende Immobilien bewertet:

→ Wohnungseigentum,

→ Teileigentum,

→ Einfamilienhäuser und Zweifamilienhäuser.

Beim Vergleichswertverfahren wird der Verkehrswert des Grundstücks vorrangig aus den von den Gutachterausschüssen mitgeteilten Vergleichspreisen abgeleitet. Voraussetzung für die Ermittlung eines Vergleichswerts ist jedoch, dass es sich um weitgehend gleichartige Gebäude (gleiche Lage, Nutzung, Größe, Ausstattung, Zuschnitt und sonstige Beschaffenheit) handelt. Dies ist in der Praxis eher selten, weshalb eine Bewertung nach dem Vergleichswertverfahren meist nicht möglich ist

Ertragswertverfahren

Nach dem Ertragswertverfahren werden folgende Immobilien bewertet:

→ Mietwohngrundstücke,

→ Geschäfts- und gemischt genutzte Grundstücke, für die sich auf dem Grundstücksmarkt eine übliche Miete feststellen lässt.

Das Ertragswertverfahren stellt auf den Ertrag einer Immobilie ab. Hierfür wird der Wert der Immobilie aus einer Multiplikation des jährlichen Ertrags der Immobilie mit einem vom Gesetz vorgegebenen Faktor ermittelt.

Sachwertverfahren

Nach dem Sachwertverfahren werden folgende Immobilien bewertet:

→ Grundstücke, die grundsätzlich nach dem Vergleichswertverfahren bewertet werden, für die jedoch keine Vergleichswerte vorliegen.

→ Geschäfts- und gemischt genutzte Grundstücke, für die sich auf dem Grundstücksmarkt keine übliche Miete feststellen lässt.

→ Sonstige bebaute Grundstücke, somit solche, die nicht explizit bei einer der Bewertungsmethoden aufgeführt sind.

Dieses Verfahren stellt auf die Errichtungskosten der Immobilie ab. Diese werden als sogenannte Regelherstellungskosten ausgewiesen. Der Wert der Immobilie errechnet sich aus den Regelherstellungskosten und dem Alter der Immobilie.

- -

EXPERTENTIPP

Je nach Bewertungsmethode ergibt sich für jede Immobilie ein steuerrechtlicher Wert. Kann ein Erwerber jedoch nachweisen, dass der tatsächliche Wert einer Immobilie geringer ist als der nach den steuerlichen Bewertungsmethoden ermittelte, ist der geringere Wert maßgeblich. Aus diesem Grund rentiert es sich oft, einen Sachverständigen mit einem Gutachten zu beauftragen. Gelangt der Sachverständige zu einem geringeren Wert, ist der niedrigere Betrag bei der Steuerberechnung zugrunde zu legen. Vor allem in Regionen mit Bevölkerungsrückgang und sinkenden Immobilienpreisen können Erwerber mit einem Sachverständigen-Gutachten in erheblichem Umfang Steuern sparen. Wird die Immobilie kurz nach dem Tod verkauft, so akzeptiert das Finanzamt in der Regel den Kaufpreis auch als Verkehrswert.

- -

Güterstandschaukel als Steuersparmodell

Wenn ein Ehepartner dem anderen zu Lebzeiten etwas zuwendet, kommt es auch auf den ehelichen Güterstand an.

Zugewinngemeinschaft

Haben Ehegatten nicht durch einen notariellen Ehevertrag etwas anderes vereinbart, leben sie automatisch im Güterstand der Zugewinngemeinschaft. Entgegen häufig anzutreffendem Irrglauben wird durch die Eheschließung das Vermögen beider Partner nicht gemeinschaftliches Vermögen. Bringt die Ehefrau zum Beispiel ein Haus mit in die Ehe ein und erbt sie während der Ehe eine weitere Immobilie, bleibt sie Alleineigentümerin dieser beiden Immobilien. Nur wenn die Ehe beendet wird, sei es durch den Tod eines Ehegatten oder durch eine Scheidung, kommt es zu einem sogenannten Zugewinnausgleich. Das heißt, dass der Zugewinn des Vermögens (Wertzuwachs) während der Ehezeit geteilt wird. Nun besteht zu Lebzeiten der Ehepartner auch die Möglichkeit, dass sie per Ehevertrag einen anderen Güterstand wählen und zum Ende der Zugewinngemeinschaft den Zugewinnausgleich berechnen und realisieren. Auch dadurch kommt es zu einer steuerfreien Vermögensübertragung.

● ●

Beispiel

Die Ehegatten Alina und Peter M. leben seit ihrer Eheschließung 22 Jahre im gesetzlichen Güterstand der Zugewinngemeinschaft. Während dieser Zeit hat Alina ein Millionen-Vermögen erwirtschaftet, während Peter aufgrund wirtschaftlicher Schwierigkeiten in seinem Unternehmen seit der Eheschließung nichts hinzugewonnen hat. Wenn die Ehegatten wünschen, dass das Vermögen von Alina zur Hälfte steuerfrei auf den Ehemann übertragen wird, kann dies durch einen Wechsel des Güterstandes geschehen. So können die Ehegatten in einem notariellen Ehevertrag für die Zukunft den Güterstand der Gütertrennung vereinbaren und für die vergangenen Jahre einen Zugewinnausgleich berechnen und leisten. Der geleistete Zugewinnausgleich ist steuerfrei.

● ●

Stirbt einer der Ehegatten, muss der Überlebende im Falle einer Zugewinngemeinschaft meist nicht das gesamte Erbe versteuern. Vielmehr kann er den Betrag, den er im Falle einer Beendigung des Güterstandes als Zugewinnausgleich erhalten hätte, von dem Erbe abziehen. Nur der Rest ist zu versteuern. Da der überlebende Ehegatte als Erbe den Zugewinn nicht tatsächlich geltend macht, sondern dieser im Erbe enthalten ist, spricht man von einem fiktiven Zugewinnausgleich.

Gütertrennung

Haben die Eheleute in einem notariellen Ehevertrag die Gütertrennung vereinbart, behält jeder Ehegatte sein Vermögen. In diesem Punkt besteht also kein Unterschied zur Zugewinngemeinschaft. Anders als bei der Zugewinngemeinschaft findet im Falle einer Scheidung oder einer anderen Beendigung des Güterstandes bei einer Gütertrennung jedoch kein Zugewinnausgleich statt.

Im Falle des Todes eines Ehegatten kann der Güterstand der Gütertrennung erbrechtliche und steuerrechtliche Nachteile mit sich bringen. Durch die Gütertrennung kann es nämlich zur Erhöhung der Pflichtteilsquoten der Kinder kommen. Steuerrechtlich hat die Gütertrennung den Nachteil, dass im Todesfall kein steuerfreier, sogenannter „fiktiver Zugewinnausgleich" geltend gemacht werden kann, da es bei der Gütertrennung ja keinen Zugewinnausgleich gibt. Je nach Einzelfall ist sehr genau zu prüfen, ob die Gütertrennung wirklich eine günstige Gestaltungsvariante darstellt oder nicht.

Güterstandschaukel

Um möglichst viel Vermögen innerhalb der Familie steuerfrei unter Nutzung aller Freibeträge auf den Ehegatten und die Kinder zu übertragen, ist es in manchen Fällen notwendig, vom Güterstand der Zugewinngemeinschaft vorübergehend abzuweichen und die Gütertrennung zu vereinbaren. Einige Zeit danach wechseln dann die Ehepartner wieder in den Güterstand der Zugewinngemeinschaft. Dieses „Schaukeln" von Güterstand zu Güterstand lohnt sich bei einem hohen Zugewinn.

Beispiel

Der erfolgreiche Unternehmer Thomas K. erzielt während der Ehe mit Eva K. einen Zugewinn von sechs Millionen Euro. Eva bleibt als Hausfrau und Mutter mittellos. Der vermögende Thomas K. kann den beiden Kindern steuerfrei alle zehn Jahre Vermögen innerhalb der Freibeträge von 400.000 Euro pro Kind übertragen. Da Eva K. nichts zu verschenken hat, kann sie keine Steuervorteile durch Schenkungen an ihre Kinder erzielen. Auf Anraten eines versierten Fachanwalts für Erbrecht wechselt das Ehepaar von der Zugewinngemeinschaft in die Gütertrennung. Dadurch kann Thomas K. seiner Frau Eva einen Zugewinnausgleich in Höhe von drei Millionen Euro steuerfrei ausbezahlen. Nun können sowohl der Vater als auch die Mutter jedem der beiden Kinder steuerfrei 400.000 Euro zukommen lassen. Später (nach dem Ablauf einer gewissen „Schamfrist") vereinbaren die Ehegatten, wieder in den gesetzlichen Güterstand der Zugewinngemeinschaft zu wechseln. Nach dem Tod von Thomas K. kommt Eva K. in den Genuss der Vorteile dieses Güterstandes. Eva beerbt zusammen mit den Kindern den verstorbenen Thomas und erhält neben der Erbschaft bis zum Freibetrag für Ehegatten (500.000 Euro) auch einen „fiktiven Zugewinnausgleich" völlig steuerfrei.

Eine möglichst gleichmäßige Verteilung des Familienvermögens auf beide Ehegatten bringt meist steuerliche Vorteile mit sich. Eine gleichmäßige Vermögensverteilung führt nicht nur dazu, dass beide Ehegatten ihren Kindern etwas zuwenden können. Auch im Falle des Todes eines Ehegatten kann eine gleichmäßige Verteilung des Vermögens Vorteile bringen.

EXPERTENTIPP

Güterrechtliche Verträge (zum Beispiel Wechsel von der Zugewinngemeinschaft zur Gütertrennung oder umgekehrt) sind immer notariell zu beurkunden. Wird in einem solchen notariellen Ehevertrag zugleich die Erbfolge geregelt, also ein Ehe- und Erbvertrag geschlossen, entstehen die Gebühren für die Beurkundung nur einmal. Es kann sich also lohnen, mit dem gewünschten Ehevertrag zugleich ein Testament oder einen Erbvertrag zu beurkunden.

Kapitel 3: Durch Schenkungen ganz legal Steuern sparen

Schenker übernimmt die Schenkungsteuer

Oft ist eine beschenkte Person nicht in der Lage, die aufgrund der Schenkung fällige Schenkungsteuer zu zahlen. Dies ist insbesondere dann der Fall, wenn die Steuer mangels eines nahen Verwandtschaftsverhältnisses sehr hoch ausfällt. Um eine Schenkung zu ermöglichen, kann der Schenker einer Sache auch die auf die Schenkung anfallende Steuer übernehmen. Dies führt nicht nur dazu, dass dem Beschenkten dann tatsächlich das Geschenk in vollem Umfang zugutekommt, ohne dass er mit einer Schenkungsteuer belastet wird. Die Übernahme der Steuer durch den Schenker führt auch zu einer Reduzierung der Steuer.

Beispiel

Klaus F. möchte seiner langjährigen Lebensgefährtin Monika T. die Hälfte der seit vielen Jahren gemeinsam genutzten Immobilie übertragen. Die zu übertragende Hälfte der Immobilie hat einen Wert von 220.000 Euro. Da die Lebensgefährtin über keine größeren Barmittel verfügt, verpflichtet sich Klaus F., auch die auf die Schenkung entfallende Schenkungsteuer zu übernehmen. Die Steuer berechnet sich wie folgt:

Von den erhaltenen	220.000 Euro
ist der Steuerfreibetrag der Lebensgefährtin	
in der Steuerklasse III in Höhe von	20.000 Euro
abzuziehen.	
Der steuerpflichtige Erwerb beträgt damit	200.000 Euro
Der Steuersatz beträgt 30 Prozent.	
Die Steuer ergäbe demnach	60.000 Euro
Da Klaus F. auch die Steuer übernimmt, wendet er seiner Lebensgefährtin	
220.000 Euro zuzüglich 60.000 Euro,	
somit insgesamt	280.000 Euro
zu.	
Unter Abzug des Steuerfreibetrages von	20.000 Euro
sind	260.000 Euro
zu versteuern.	

Bei einem Steuersatz von 30 Prozent ergibt dies eine Steuer von	78.000 Euro
Die zunächst errechnete Steuer beträgt jedoch nur	60.000 Euro
Es verbleibt damit eine hinzukommende Steuer in Höhe von	18.000 Euro

Theoretisch wären auch diese weiteren 18.000 Euro erneut zu versteuern und der sich daraus ergebende Betrag in Höhe von 6.000 Euro wiederum zu versteuern. Die Kette wäre nahezu endlos. Um die fortlaufende Nachberechnung der geschuldeten Steuer zu vermeiden, regelt das Gesetz, dass der Besteuerung lediglich der Gesamtbetrag aus der Schenkung und der geschuldeten Steuer zugrunde zu legen ist. Im Ergebnis führt dies zu einem steuerpflichtiger Erwerb von 260.000 Euro. Es bleibt bei der errechneten Steuer von 78.000 Euro.

Vorteile und Risiken der Schenkung von Betriebsvermögen

Unternehmer müssen beim Generationswechsel nicht die volle Erbschaft- oder Schenkungsteuer zahlen. Sonst käme es immer wieder zu erheblichen Liquiditätsproblemen des Erwerbers und damit zu einer Gefährdung des Unternehmens. Das wiederum würde zum Verlust von Arbeitsplätzen führen. Um solche für die Wirtschaft und Gesellschaft negativen Effekte auszuschließen, hat der Gesetzgeber die Übertragung von Betriebsvermögen privilegiert. Die Privilegien gelten jedoch nur, wenn bestimmte Voraussetzungen erfüllt sind und auch künftig vom Erwerber erfüllt werden.

Steuerbefreites Betriebsvermögen

Das Gesetz sieht eine Steuerbefreiung für Betriebsvermögen, Betriebe der Land- und Forstwirtschaft sowie für Anteile an Kapitalgesellschaften vor. Im zuletzt genannten Fall muss der Erblasser oder Schenker an dem Kapital der

Gesellschaft jedoch zu mehr als 25 Prozent unmittelbar beteiligt sein (Mindestbeteiligung) – sonst ist die Steuerbefreiung hinfällig.

Liegt steuerbefreites Betriebsvermögen vor, bleibt dieses komplett (oder zumindest zu 85 Prozent) steuerbefreit, wenn folgende Voraussetzungen vorliegen:

→ Es muss sich um produktives Betriebsvermögen handeln. Für sogenanntes Verwaltungsvermögen gelten dagegen Höchstgrenzen. Zum Verwaltungsvermögen gehören Anlageobjekte, die nicht unmittelbar für betriebliche Zwecke benötigt werden (zum Beispiel Geldanlagen, Immobilien- oder Aktienanlagen). Es kommt daher entscheidend darauf an, zum Zeitpunkt der Weitergabe eines Unternehmens in diesem nur bis zu den Höchstgrenzen Geldmittel, Immobilien und Aktien zu sammeln.

→ Das Unternehmen muss vom Erwerber mindestens für fünf Jahre oder über mindestens sieben Jahre fortgeführt werden (Fünf-Jahres-Modell oder Sieben-Jahres-Modell). Der Erwerber kann zwischen den beiden Modellen wählen.

→ Während der Fortführung des Betriebes darf die Lohnsumme einen bestimmten Prozentsatz der entsprechenden Summe zum Zeitpunkt der Übergabe nicht unterschreiten. Unter einer Lohnsumme versteht man die Summe aller Vergütungen (Löhne, Gehälter und andere Bezüge und Vorteile), die der Betrieb seinen Arbeitnehmern gewährt.

● ●

EXPERTENTIPP

Die Lohnsummenregelung ist nicht zu beachten, wenn der Betrieb nicht mehr als zwanzig Beschäftigte hat oder die Ausgangslohnsumme null Euro beträgt.

● ●

Wahlrecht zwischen zwei Steuermodellen

Die Länge der Behaltensfrist und die Mindestlohnsumme obliegen der Wahl des Erwerbers. Dieser kann zwischen einer Behaltensfrist von fünf Jahren mit einer anteiligen Besteuerung und einer Behaltensfrist von sieben Jahren mit einer völligen Steuerbefreiung wählen.

Fünf-Jahres-Modell

Das Fünf-Jahres-Modell ist die Standardvariante. Es sieht die sofortige Versteuerung von 15 Prozent des Betriebsvermögens vor. Wird das Unternehmen vom Erben oder Beschenkten fünf Jahre lang fortgeführt, bleiben die restlichen 85 Prozent steuerfrei, wenn es keine gravierenden Rückgänge bei der Lohnsumme gegeben hat. Diese Anforderung ist erfüllt, wenn die Summe der Löhne und Gehälter während der fünf Jahre – summiert betrachtet – mindestens 400 Prozent der ursprünglichen Lohnsumme beträgt.

Sieben-Jahres-Modell

Das Sieben-Jahres-Modell kommt nur auf Antrag der steuerpflichtigen Person zur Geltung. Es sieht eine vollständige Steuerbefreiung vor, wenn das Unternehmen sieben Jahre lang unter vollständiger Bewahrung der Arbeitsplätze und einem hohen Anteil an Produktionsvermögen fortgeführt wird. Die Summe der Löhne und Gehälter muss während des Sieben-Jahres-Zeitraums mindestens 700 Prozent der ursprünglichen Lohnsumme betragen. Die Lohnsumme darf sich mithin nicht verringern.

Risiko Ertragsteuer

Neben den erbschaftsteuerlichen Folgen der Übertragung eines Unternehmens sind oft auch die ertragsteuerlichen Folgen zu beachten. Verschenkt beispielsweise ein Unternehmer seine Firma an seinen Sohn, behält er jedoch bisher im Betriebsvermögen gehaltene Grundstücke in seinem Eigentum, werden diese praktisch aus dem Betrieb herausgelöst. Dies kann dazu führen, dass „stille Reserven" aktiviert werden und hierauf eine Einkommensteuer zu zahlen ist.

Anzeigepflicht von Schenkungen

Nicht jeder unentgeltliche Erwerb ist vom Erwerber und vom Schenker anzuzeigen. Zwar regelt das Gesetz, dass jeder der Schenkungsteuer unterliegende

Erwerb dem zuständigen Finanzamt vom Beschenkten sowie vom Schenker innerhalb einer Frist von drei Monaten anzuzeigen ist. Die Anzeigepflicht entfällt jedoch, wenn die Schenkung gerichtlich oder notariell beurkundet worden ist. Auch besteht überwiegend Einigkeit darüber, dass entgegen dem Gesetzeswortlaut dann keine Anzeige erfolgen muss, wenn hundertprozentig feststeht, dass die Schenkung weder derzeit, noch künftig – etwa aufgrund einer Zusammenrechnung mit anderen Erwerben – zu einer Steuer führen kann. Da diese Ausnahme jedoch nicht dem Gesetzeswortlaut entspricht, empfiehlt sich in Zweifelsfällen immer vorsorglich eine Anzeige der Schenkung an das Finanzamt.

Steuererklärung

Das Finanzamt kann von jeder an einem Erbfall oder an einer Schenkung beteiligten Person die Abgabe einer Schenkungsteuer- und Erbschaftsteuererklärung innerhalb einer bestimmten Frist verlangen. Hierbei muss die Frist mindestens einen Monat betragen.

● ●

EXPERTENTIPP

Die gesetzlich vorgegebene Mindestfrist zur Abgabe der Steuererklärung von einem Monat reicht meist nicht aus, um eine Schenkung sorgfältig zu bewerten und die Erklärung abzugeben. Häufig bedarf es umfangreicher Recherchen und Ermittlungen. Aus diesem Grund empfiehlt es sich fast immer, eine ausgiebige Fristverlängerung zu beantragen. Nach allen Erfahrungen akzeptieren die Finanzämter eine solche Fristverlängerung großzügig.

● ●

Kapitel 4

Unterstützung von Angehörigen

Eltern unterstützen häufig ihre Kinder beim Kauf einer Immobilie oder der „Existenzgründung". In diesem Zusammenhang tauchen regelmäßig folgende Fragen auf: Wird das Geld, das verschenkt werden soll, nicht doch noch benötigt? Welche Möglichkeiten bestehen, sich gegen Undankbarkeit abzusichern? Geht das Geld bei einer Scheidung verloren? Was passiert bei Insolvenz der beschenkten Personen? Das folgende Kapitel gibt auf diese Fragen praxiserprobte Antworten.

Eigenvorsorge hat Vorrang vor Schenkungen

Eltern haben ein großes Herz für ihre Kinder. Bis der Nachwuchs wirtschaftlich und finanziell auf eigenen Beinen steht, vergehen oft 20 bis 30 entbehrungsreiche Jahre. Erziehung, Schulbildung, Auslandsaufenthalte, Studium und weitere Qualifizierungsmaßnahmen verschlingen Unsummen. Das Kindergeld stellt oft nur einen Tropfen auf dem heißen Stein dar. Nach statistischen Zahlen geben Eltern für ein Kind bis zur Volljährigkeit pro Monat rund 550 Euro aus. Und dann, wenn die jungen Leute endlich flügge geworden sind und das erste eigene Geld verdienen, helfen die Eltern – nun endlich frei von Unterhaltspflichten – mit Finanzspritzen auch noch beim Kauf einer Wohnung oder eines Hauses oder beim Start in die Selbstständigkeit. Der Aufbau einer Werkstatt, eines Büros, einer Praxis oder einer Firma führt oft zu hohen Anfangsverlusten, die die Eltern auffangen wollen.

Doch sollen Väter und Mütter sowie Tanten und Onkel sich überhaupt so stark für ihre Kinder oder Neffen und Nichten engagieren? Entscheidend bei der Beantwortung dieser Frage ist, ob die Eltern – oder andere Verwandte – selbst noch auf ihre eigenen finanziellen Mittel (angespartes Geld, Lebensversicherung, Erbschaften) angewiesen sind oder nicht. Zu berücksichtigen ist in diesem Zusammenhang, dass die Lebenserwartung, die Lebenshaltungskosten und die Ansprüche der Rentner (Reisen!) steigen, während eine weitere Absenkung der Renten aufgrund politischer Entscheidungen und geringerer Einzahlungen (lange Ausbildungszeiten, Arbeitslosigkeit, Familienzeit) abzusehen ist. Weitere wichtige Punkte: Die Kosten einer erwünschten intensiven medizinischen Behandlung sowie einer lange anhaltenden und qualitativ hochwertigen Pflege im Alter können sehr hoch sein. Am Ende des Lebens wollen dann auch noch eine Grabstelle, die Beerdigung, der Leichenschmaus und die Grabpflege bezahlt sein.

Mit anderen Worten: Bevor Eltern und andere Verwandte an das Schenken denken, sollten sie erst einmal kühl rechnen und überschlagen, ob sie finanzielle Mittel, die ihnen gerade entbehrlich erscheinen, nicht doch noch zu einem späteren Zeitpunkt für sich selbst benötigen und daher eben nicht verschenken, sondern auf die hohe Kante legen sollten. Erst wenn bei dieser Berechnung im Ergebnis feststeht, dass der gesamte vorhandene und in Zukunft verfügbare Reichtum nie und nimmer für eigene Zwecke benötigt wird, sollte man zur Finanzierung der privaten Wohnwünsche und erfolgversprechender Geschäftsideen der Nachkommen ein Scherflein beitragen. Wenn aktuell Gelder verfügbar sind, sind Eltern und andere Verwandte gut beraten, erst einmal ein Darlehen an die Nachkommen in Erwägung zu ziehen. Im Vergleich zu einem Bankkredit ist ein privates Darlehen immer noch deutlich günstiger zu haben. Wenn sich später herausstellt, dass das Geld tatsächlich nicht mehr für eigene Zwecke benötigt wird, kann man auf die Rückzahlung verzichten.

· ·

EXPERTENTIPP

Wer über eine eigene Wohnimmobilie ohne Renovierungsstau, eine hohe Rente, weitere Rücklagen und die Fähigkeit zu einem sparsamen Leben verfügt, kann daran denken, die eigenen Kinder zu beschenken, um ihnen einen Start ins Berufs- und Eheleben zu ermöglichen. Wer dagegen aus einer relativ geringen Rente die Miete und den sonstigen Lebensunterhalt gerade so bezahlen kann, sollte die Sparbücher und sonstigen Anlagen nicht zugunsten der Kinder auflösen. Vor allem in Ballungsgebieten mit starken Mietpreisanhebungen ist Vorsicht geboten und die großzügige Schenkung regelrecht verboten. Sobald feststeht, dass das eigene Vermögen auch zum Aufbau von Wohneigentum und Existenz der Nachkommen eingesetzt werden kann, sollten Verwandte nicht einfach Überweisungen tätigen, sondern wasserdichte „Schenkungsverträge" vorbereiten, um sich selbst und auch ihre Nachkommen für alle möglichen Eventualitäten abzusichern.

· ·

Besonderheiten bei der Übertragung einer Immobilie

Ein häufig auftretendes Problem bei der Übertragung eines Grundstücks oder einer Eigentumswohnung per Schenkung ist die ausgleichende Gerechtigkeit. Wenn in einer Familie mehrere Geschwister zu berücksichtigen sind, reicht oft das Familienvermögen nicht aus, um jedem Kind annähernd gleiche Vermögenswerte zukommen zu lassen. Übereignen die Eltern dann den einzigen Grundbesitz auf nur eines der Kinder, werden sich die anderen benachteiligt fühlen. Es empfiehlt sich daher dringend, im Vorfeld solcher Übertragungen mit den übrigen Familienmitgliedern gemeinsam nach einer Lösung zu suchen. Hier bieten sich Ausgleichszahlungen an, die auch zu einem späteren Zeitpunkt fällig werden können.

Grundstücksteilung

Ist ein Grundstück groß genug, kann auch eine Teilung sinnvoll sein. Soll beispielsweise auf einem Grundstück der Eltern ein Haus eines Sohnes oder einer Tochter zusätzlich errichtet werden, sollte man rechtzeitig klären, ob ein Grundstücksteil für den Sohn oder die Tochter abgetrennt werden kann. Hierfür ist es erforderlich, dass die neue Grundstücksgrenze genau festgelegt wird. Es muss auch geklärt werden, ob die Baubehörde einer entsprechenden Teilung und Errichtung eines Gebäudes auf dem abgetrennten Grundstücksteil zustimmt. Die Ermittlung der neuen Grundstücksgrenze erfolgt durch ein Vermessungsbüro. Da allein die Vermessung mit Kosten von mehreren 1.000 Euro verbunden sein kann, sollte man im Vorfeld mit der Baubehörde und dem zuständigen Katasteramt klären, ob eine derartige Teilung zulässig ist. Auch sollte man sich genauestens über die weiteren anfallenden Kosten für die Grundbucheintragung, Einholung von Genehmigungen und Beurkundungen erkundigen.

Übertragung eines Grundstücksteils

Eine Alternative zur Teilung stellt die Übertragung eines Halbanteils am Grundstück dar. Es entsteht gemeinschaftliches Immobilieneigentum. Hatten die Schenker bisher alleine das Sagen, entscheiden nun zwei Parteien. Dies kann zu sehr heftigen Auseinandersetzungen führen. Im Extremfall droht sogar die Teilungsversteigerung (Versteigerung des gesamten Grundstücks, um den Wert des Halbanteils in Geld zu erhalten). In diesem Fall erzwingt ein Miteigentümer die Auseinandersetzung der Miteigentümergemeinschaft durch eine Zwangsversteigerung – in der Regel auch gegen den Willen des Schenkers. Es empfiehlt sich, bei der Wahl dieser Übertragungsform ganz klare vertragliche Absprachen über die Nutzung und die sonstigen Rechte und Pflichten zu treffen.

Umwandlung in Wohnungseigentum

Wesentlich weniger Gefahr droht bei der Aufteilung einer Immobilie nach dem Wohnungseigentumsgesetz (WEG) und der anschließenden Schenkung einzelner Wohnungen an die Nachkommen. Dies bietet sich an bei Zweifamilienhäusern, bei Villen mit mehreren Wohnungen sowie bei größeren Mietobjekten mit zahlreichen Wohnungen. Jedes beschenkte Kind verfügt dann über sein eigenes „Reich" und kann es verkaufen, ohne die Eltern und Schenker aus deren Wohneigentum vertreiben zu können. Gerade bei Mietobjekten mit mehreren Wohnungen kann man per Wohnungseigentum das Vermögen auf mehrere Kinder verteilen.

Voraussetzung für die Bildung von Wohnungseigentum ist eine „Abgeschlossenheitsbescheinigung" der Bauordnungsbehörde. Jede Wohnung muss abgeschlossen sein und einen eigenen Zugang haben. Weiter ist eine notarielle Teilungserklärung erforderlich. Dieses Dokument beschreibt das Gemeinschaftseigentum und die Einheiten des Sondereigentums (zum Beispiel Wohnungen, Gewerberäume, Kellerabteile, Hobbyräume, PKW-Stellplatz oder Garage) und enthält eine Gemeinschaftsordnung, die das Verhältnis der Miteigentümer untereinander regelt.

Ein großer Vorteil der Bildung von Wohnungseigentum besteht darin, dass kein einzelner Wohnungseigentümer eine Teilungsversteigerung der gemeinsamen Immobilie beantragen kann. Nachteile bestehen darin, dass die Aufteilung einer Immobilie (Vermessung, Notar) und die Beschäftigung eines Verwalters und Hausmeisters erhebliche Kosten verursachen.

Geldschenkung und Formalien

Für den Kauf eines Hauses oder einer Wohnung oder aber die Gründung oder den Erwerb eines Geschäftes können Verwandte auch Geldbeträge verschenken. Auch die Übertragung eines Wertpapierdepots oder von Teilen hiervon ist möglich. Es sollte nur sichergestellt sein, dass dieses Geld aus legalen Quellen kommt und ordnungsgemäß versteuert ist. Falls Geld oder Erträge hieraus nicht versteuert sind, sollte der Schenker vorher alles legalisieren und nacherklären. Das geht derzeit mit einer straflosen Selbstanzeige. Der Schenker selber weiß am besten, was er versteuert hat und was nicht. Wird die Steuerhinterziehung erst nach dem Tod des Schenkers bekannt, hat ein Erbe normalerweise nicht ausreichende Kenntnis, um nachversteuern zu können. Das kann zu schwierigen Situationen führen.

Geldschenkungen können formfrei durch Barzahlung oder Überweisung erfolgen. Wenn das Geld erst später gezahlt werden soll und ein Verkäufer oder eine Bank für die Finanzierung einen Nachweis braucht, ist eine notarielle Beurkundung notwendig. Es handelt sich dann nämlich nur um ein Schenkungsversprechen. Ein solches Schenkungsversprechen ist nur dann formwirksam, wenn es notariell beurkundet ist. Fehlt eine solche notarielle Beurkundung und wird die Zahlung später doch vorgenommen, heilt diese tatsächliche Verfügung den Mangel der fehlenden notariellen Beurkundung.

Immobilienschenkung und Formalien

Für die Übertragung von Immobilieneigentum ist eine Einigung über den Eigentumsübergang und die Eintragung ins Grundbuch erforderlich. Das Bürgerliche Gesetzbuch fordert hierfür als Formvorschrift eine notarielle Beurkundung. Ohne eine solche Beurkundung erfolgt bei Schenkungen – anders als bei Erbschaften – keine Eintragung im Grundbuch.

Im Zusammenhang mit der notariellen Beurkundung eines Schenkungsvertrags sind im Vorfeld die Details der Vereinbarung mit dem Notar zu klären. Dies erfolgt in der Regel im Rahmen eines ersten Gesprächs und einer in diesem Zusammenhang auch stattfindenden Beratung. Diese Beratung ist in den Gebühren für die Beurkundung enthalten. Lassen Sie sich vor der Beurkundung einen Entwurf zusenden, damit Sie in aller Ruhe zuhause oder unter fachanwaltlicher und bei Bedarf auch unter steuerlicher Beratung abklären können, ob der Vertrag dem entspricht, was Sie wollen, und auch alles berücksichtigt ist, was wichtig ist. Eine einkommensteuerliche oder die Erbschaft- oder Schenkungsteuer betreffende Beratung erfolgt in der Regel nicht durch den Notar. Ein Notar ist nicht verpflichtet, auf die genauen steuerlichen Folgen eines beabsichtigten Vertrags hinzuweisen. Berät er hierüber dennoch und auch noch falsch, haftet er allerdings.

Kosten einer Beurkundung

Die Notarkosten werden nach dem sogenannten Geschäftswert berechnet. Anhand einer Gebührentabelle lässt sich dann errechnen, wie hoch ungefähr die Notarkosten sein werden. Bei Übergabeverträgen und Schenkungen handelt es sich um zweiseitige Verträge, so dass immer zwei Gebühren anfallen. Dazu kommen noch Schreibkosten, Kopierkosten, Versandkosten sowie die gesetzliche Mehrwertsteuer. Zur Veranschaulichung sind in der nachfolgenden Tabelle einige Streitwerte bzw. der Betrag von zwei Gebühren einschließlich der aktuellen Mehrwertsteuer von 19 Prozent, allerdings ohne die jeweils unterschiedlichen Nebenkosten aufgeführt. Dies soll nur zur Orientierung dienen. Es sind allerdings Überlegungen im Gange, die Gebührenstruktur zu ändern, so dass in absehbarer Zeit mit einer Anhebung dieser Gebühren zu rechnen ist.

GEBÜHRENTABELLE FÜR NOTARE

Geschäftswert bis .... Euro	2-fache Gebühr inkl. Mehrwertsteuer ...Euro	Geschäftswert bis .... Euro	2-fache Gebühr inkl. Mehrwertsteuer ... Euro
20.000	157,68	500.000	1.767,33
50.000	289,08	600.000	2.095,83
100.000	453,33	700.000	2.424,33
150.000	617,58	800.000	2.752,83
200.000	781,83	900.000	3.081,33
250.000	946,08	1.000.000	3.409,83
300.000	1.108,33	1.500.000	5.052,33
350.000	1.274,58	2.000.000	6.694,83
400.000	1.438,83	2.500.000	8.337,33
450.000	1.603,08	3.000.000	9.979,83

Undankbarkeit – Widerruf einer Schenkung?

Es geschieht nicht selten, dass ein schenkender Verwandter mit der uneigennützigen Übertragung einer Immobilie oder eines Aktienpakets unausgesprochen die Erwartung verbindet, dass das Verhältnis zum Beschenkten so gut bleibt wie in der Vergangenheit oder sich sogar noch verbessert. Häufig ist auch erwartete und nicht gezeigte Dankbarkeit des Beschenkten gegenüber dem Schenker Auslöser tiefsitzender Verärgerung. Auch die persönliche und wirtschaftliche Entwicklung einer beschenkten Person führt immer wieder zu Streit. In diesen Fällen reut den Schenker seine Großzügigkeit und er möchte sein Geschenk zurückfordern.

Eine Anfechtung eines Übertragungsvertrags scheidet im Regelfall jedoch aus. Nach dem Bürgerlichen Gesetzbuch gibt es die Möglichkeit eines Widerrufs der Schenkung wegen groben Undanks. Das Gesetz verlangt eine „schwere Verfehlung" des Beschenkten gegenüber dem Schenker oder einem nahen Angehörigen des Schenkers. Die Verfehlung muss vorsätzlich – also ganz bewusst – begangen worden sein, was häufig nicht nachweisbar sein wird. Die Rechtsprechung stellt auf die Schwere der Verfehlung ab, die „ein gewisses Maß" voraussetzt. Es wird also letztlich auf den Einzelfall ankommen. Grober Undank wurde in folgenden Fällen bejaht: Bedrohungen des Lebens oder körperliche Misshandlung des Schenkers oder eines nahen Angehörigen, eine belastende Aussage trotz eines Zeugnisverweigerungsrechts, schwere Beleidigungen, Unterbindung eines Nutzungsrechts, hartnäckige Weigerung der Erfüllung des vorbehaltenen Nießbrauchs des Schenkers. Selbst wenn ein Schenker meint, dass grober Undank vorliegt, scheitert ein solcher Rückforderungsanspruch oft an der Tatsache, dass die Voraussetzungen hierfür vom Schenker zur Überzeugung eines Gerichts bewiesen werden müssen.

Im Regelfall sind also Anfechtung und Widerruf wegen groben Undanks keine Erfolg versprechenden Mittel für die Rückforderung von Schenkungen. Es bleibt daher nur die Möglichkeit, bereits im Schenkungsvertrag zu formulieren, welche Erwartungen mit der Übertragung verbunden sind, und zu bestimmen, in welchen Fällen die Immobilie zurückzugeben ist. Es bietet sich eine Vielzahl von Rückfallklauseln an:

→ Vorversterben der beschenkten Person
→ Zwangsvollstreckungen gegen den Beschenkten
→ Versuch der Veräußerung oder Belastung einer geschenkten Immobilie
→ Mitgliedschaft in einer Sekte
→ Scheidung
→ Alkoholsucht, Spielsucht, Drogenabhängigkeit
→ Gewalt gegen den Schenker

Egon R. schenkt seinem Sohn Peter ein schönes altes, jedoch renovierungsbedürftiges Haus im Wert von 200.000 Euro. Er möchte, dass Peter das Haus renoviert und hier mit seiner erst noch zu gründenden Familie wohnt. Auf Anraten seines Anwalts schreibt Egon R. in den notariellen Schenkungsvertrag entsprechende Vorstellungen und eine Rückfallklausel für den Fall der Nichteinhaltung der Erwartungen. Peter unterzeichnet den Schenkungsvertrag beim Notar. Doch dann vermietet er das alte Haus, gibt seine Stelle auf, bricht den Kontakt zum Vater ab und lebt im Ausland am Strand, um seine Surftechnik zu verbessern und das Leben zu genießen. Egon R. ist damit nicht einverstanden, er wendet sich an einen Anwalt und erhält die geschenkte Immobilie zum Verdruss von Peter – spätestens im Rahmen eines Prozesses – wieder zurück.

In Vorgesprächen mit Ihrem Kind, mit Neffen und Nichten oder anderen Verwandten sollten Sie Ihre Vorstellungen und Erwartungen klar zum Ausdruck bringen. Lassen Sie sich einen Vertrag von einem versierten Fachanwalt für Erbrecht entwerfen und achten Sie darauf, dass Sie sich ausreichend mit Rückfallklauseln absichern. Auch zur erbschaftsteuerlichen Seite kann in der Regel ein Fachanwalt für Erbrecht die besten Auskünfte erteilen.

Schenkung an Schwiegerkinder

Manchmal schenken Eltern ein Grundstück je zur Hälfte an das eigene Kind und das Schwiegerkind. Was geschieht aber mit dem Teil des Schwiegerkindes, wenn die Ehe scheitert? Das in Scheidung lebende oder geschiedene Schwiegerkind ist nun Miteigentümer der geschenkten Immobilie und kann seinen Teil durch Verkauf versilbern. Das ist im Normalfall weder mit der Schenkung bezweckt, noch will man sich später von dem Schwiegerkind vorführen lassen. Kann die Schenkung an das Schwiegerkind rückgängig gemacht werden? Es kommt darauf an!

In der Rechtsprechung ist inzwischen anerkannt, dass Geschäftsgrundlage einer solchen Schenkung das Fortbestehen der Ehe zwischen dem eigenen Kind und dem Schwiegerkind ist. Daher wird den Eltern ein unmittelbares Recht auf Rückforderung ihrer Schenkung an das Schwiegerkind zugesprochen. Es reicht jedoch nicht aus, dass der Schenker sich dies im Stillen denkt. Dies muss auch im Vorfeld der Schenkung nach außen hin – also gegenüber dem Schwiegerkind – klargestellt werden. Nur dann, wenn dies nachweisbar ist durch Zeugen oder – noch besser – durch schriftliche Dokumente, können die Schwiegereltern die Schenkung rückgängig machen.

Beispiel

Raimund und Elisabeth R. schenken ihrem Sohn Manfred R. und seiner Ehefrau Kunigunde ein Grundstück mit einem stattlichen Einfamilienhaus im Wert von 600.000 Euro. Wenige Jahre später verschlechtert sich das Einvernehmen zwischen Manfred und seiner Frau. Kunigunde zieht aus und lebt mit einem Freund zusammen. Sie fordert von Manfred für ihren Anteil am gemeinsamen Haus insgesamt 350.000 Euro und droht mit der Zwangsversteigerung der gesamten Immobilie, um „ihren Anteil" zu bekommen. Manfreds Eltern sind entsetzt und setzen alle Hebel in Bewegung, um Kunigundes Hausanteil zurückzufordern. Ein Fachanwalt für Erbrecht, den das Ehepaar zu Rate zieht, überfliegt den Schenkungsvertrag und bemerkt: „Leider haben Sie im Vertragstext nicht deutlich gemacht, dass Sie die Schenkung mit der Erwartung einer dauerhaften Ehe verbinden. Wir müssen also andere Beweise dafür finden, dass Sie diese Erwartung hatten und Ihrer Schwiegertochter mitgeteilt haben." Der Anwalt fragt nach Zeugen, doch die Eltern können ihm keine Personen benennen, die das bezeugen können. Als die Eltern niedergeschlagen ihrem Sohn von dem Anwaltstermin und der Notwendigkeit berichten, Zeugen zu benennen, fallen Manfred auf Anhieb zwei Freunde ein, die vor der Schenkung bei einem Geburtstagsfest gehört haben, wie seine Mutter gegenüber Kunigunde die Erwartung geäußert hat, dass sie ihr gerne das halbe Haus schenkt und davon ausgeht, dass sie auf Dauer mit Peter zusammenbleibt und mit ihm Kinder großzieht. Mit Hilfe des Anwalts und der Zeugen gelingt es Manfred und seinen Eltern, Kunigundes Anteil am Haus zurückzuholen.

Wenn Sie Ihrem Schwiegerkind etwas schenken wollen, sollten Sie in nachweisbarer Form Ihre Erwartung zum Ausdruck bringen, dass Sie von einem Fortbestehen der Ehe in Zukunft ausgehen. Am sichersten dokumentieren Sie dies, indem Sie sich in dem Schenkungsvertrag ein entsprechendes Rückforderungsrecht für den Fall des Scheiterns der Ehe vorbehalten. Dann haben Sie einen eindeutigen Anspruch auf Rückübertragung des Vermögens, das Sie dem Schwiegerkind geschenkt haben.

Schutz vor Schwiegerkindern

Es kommt eher selten vor, dass Kinder vor ihren Eltern sterben. Doch wenn Eltern ihrem Sohn oder ihrer Tochter eine Immobilie schenken und das Kind vor ihnen verstirbt, erbt die Schwiegertochter oder der Schwiegersohn (zusammen mit gemeinsamen Kindern oder, bei kinderlosen Ehen, mit den Eltern). Das ist häufig nicht gewollt. Um dies zu verhindern, bieten sich mehrere Lösungsmöglichkeiten an:

→ **Lösung Nr. 1:** Es wird zwischen den Eltern als Schenkern und dem eigenen Kind als beschenkter Person ein Darlehensvertrag geschlossen und im Grundbuch abgesichert. Im Fall der Fälle handelt es sich bei dem Darlehen um eine Nachlassverbindlichkeit, die die Erben bedienen müssen. So kann sichergestellt werden, dass das geschenkte Geld dann wieder in das Vermögen der schenkenden Familie zurückgeht.

→ **Lösung Nr. 2:** Es wird ein Erbvertrag zwischen den Eltern einerseits sowie dem eigenen Kind und dem Schwiegerkind andererseits geschlossen. In diesem Vertrag wird bestimmt, dass beim Vorversterben des eigenen Kindes die geschenkte Immobilie oder ein der Schenkung entsprechender Anteil an den Schenker oder seine Erben geht.

Beispiel

Der Ingenieur Patrick D. leidet im Alter von 29 Jahren an Leukämie, seine junge Ehefrau ist die Studentin Jasmin (22). Patricks Therapien verlaufen positiv, doch es besteht die Gefahr, dass die Krankheit zurückkommt. Ärzte wagen keine Prognosen. Patricks Eltern wollen ihrem Sohn das Haus seiner Großeltern schenken, um ihm bei seinem angegriffenen Gesundheitszustand ein angenehmes Leben zu ermöglichen. Über die Verbindung Patricks mit Jasmin sind die Eltern nicht besonders glücklich. Jasmin ist aufgrund ihrer Schönheit und Laszivität an der Uni ein vielumworbener Schwarm und trifft sich gerne mit Kommilitonen in „Arbeitsgruppen", während Patrick seiner Tätigkeit als Ingenieur (60-Stunden-Job) nachgeht. Um zu verhindern, dass die an Patrick verschenkte Immobilie nach einem möglichen krankheitsbedingten Tod des eigenen Sohns an Jasmin fällt, lassen sich die Eltern von einem Fachanwalt für Erbrecht beraten. Der Anwalt rät den Eltern zu einem Vertrag mit glasklaren Rückfall-Bestimmungen für den Fall des Todes von Patrick. So stellen sie sicher, dass das Haus nach dem Tod von Patrick wieder an die Familie von Patrick und seinen Eltern zurückfällt. Patrick überlebt seine Eltern dank der modernen Medizin 18 Jahre, doch dann fällt die Immobilie nicht an Jasmin, sondern an Patricks Geschwister.

· ·

Es empfiehlt sich, vor Schenkungen an ein eigenes Kind auch mit dessen Ehegatten über Details zu sprechen. Die Schenkung sollte in einem juristisch wasserdichten Vertrag niedergelegt und von einem Notar beurkundet werden. Nur so besteht Sicherheit, dass das Geschenkte am Ende nicht bei der „falschen" Familie ankommt.

Der Verlust von verschenktem Vermögen droht im Fall einer Scheidung auch dann, wenn lediglich ein Ehepartner beschenkt wurde. Denn im Zuge der Scheidung kommt es meist zum Zugewinnausgleich (das Vermögen, das ein Partner während der Ehezeit hinzugewonnen hat, wird als Zugewinn betrachtet und ist mit dem anderen Partner zu teilen). Es wird bei jedem einzelnen Ehegatten dessen Vermögen zu Beginn der Ehe dem Vermögen am Ende der Ehe gegenübergestellt. Die Differenz ist der Zugewinn. Hat ein Ehegatte mehr Zugewinn als der andere erzielt, muss er die Hälfte der Differenz ausgleichen. Schenkungen – auch während der Ehezeit – sind dem Anfangsvermögen zuzurechnen. Sofern sich der Wert geschenkter Gegenstände nicht erhöht, verursachen sie keinen Zugewinnausgleich. Doch häufig kommt es bei lange zurückliegenden Schenkungen zu folgender Problematik:

Die Schenkung lässt sich aufgrund inzwischen vernichteter Bankunterlagen nicht mehr belegen. Der beschenkte Ehepartner kann nicht mehr nachweisen, dass sein aktuelles Vermögen auf einer Schenkung beruht – und damit nicht auf Zugewinn während der Ehe. Bei der Übertragung von Immobilien ohne Gegenleistung ist über den notariellen Schenkungsvertrag in der Regel nachzuweisen, dass es sich um eine Schenkung gehandelt hat. Anders ist dies jedoch, wenn die Eltern Geldbeträge – für welchen Zweck auch immer – vor langer Zeit überwiesen haben und die Kontounterlagen nach zehn Jahren bei der Bank und im privaten Zuhause der beschenkten Person vernichtet sind.

Beispiel

Die Eltern der 38-jährigen Gertrude K. sind überglücklich, dass ihre Tochter nach langer Suche doch noch einen Ehemann gefunden hat, und schenken ihr aus Anlass der Heirat einen Geldbetrag in Höhe von 500.000 Euro für den Erwerb einer großzügigen Wohnung in einer der besten Lagen von Frankfurt. Die Ehe überlebt 23 krisenreiche Jahre und endet schließlich in einem schweren Zerwürfnis. Nun fordert Gertrudes Ehemann Karl August K. vor Gericht über seinen Rechtsanwalt seinen Zugewinnanteil und rechnet hierzu auch 250.000 Euro, den Zugewinn an der Wohnung. Gertrude ist entsetzt und sucht einen Anwalt auf, um zu erfahren, ob denn hier alles mit rechten Dingen zugehe. Der Anwalt fragt, ob Gertrude denn belegen könne, dass sie das Geld für die Wohnung von den Eltern als Schenkung erhalten habe. Gertrude antwortet, ihre Eltern seien bereits gestorben und könnten die Schenkung nicht mehr bezeugen. Sie selbst könne die alten Kontoauszüge nicht mehr finden, sie habe diese Unterlagen nie vernichtet, aber sie seien nicht mehr auffindbar, möglicherweise habe der Ehemann sie verschwinden lassen. Der Anwalt fragt weiter, wer denn die Unterlagen ihrer Eltern übernommen habe. Gertrude erklärt, dass ihr Bruder das Haus der Eltern geerbt und bezogen habe. Tatsächlich finden sich auf dem Dachboden des Einfamilienhauses die Bankunterlagen der Eltern und hierunter ein eindeutiger Hinweis auf die Überweisung mit dem Zweck „Schenkung anlässlich der Heirat". Vor dem Scheidungsrichter präsentiert Gertrudes Anwalt den Beweis für die Schenkung und schmettert damit die Forderung nach Zugewinnausgleich ab.

Bei einer Schenkung von Eltern oder anderen Verwandten an einen Ehepartner muss auf jeden Fall sichergestellt sein, dass langfristig objektive Nachweise über die Tatsache und den Wert der Schenkung vorhanden sind. Am sichersten ist es, wenn über eine derartige Schenkung eine notarielle Urkunde aufgenommen wird. Derartige Urkunden sind, sofern Ausfertigungen verloren gegangen sind, auch noch Jahrzehnte nach ihrer Erstellung im Notariat vorhanden. Unterlagen von Kunden der Banken und Sparkassen werden dagegen von dem jeweiligen Geldinstitut nach zehn Jahren – der gesetzlichen Aufbewahrungsfrist – vernichtet.

Rückübertragung einer Schenkung bei Scheidung

Immer wieder kommt es vor, dass ein Ehegatte zur Untermauerung seiner Liebe oder auch aus steuerlichen Gründen während bestehender Ehe seiner Frau die Hälfte einer Immobilie überträgt. Auch Frauen haben gegenüber mittellosen Ehepartnern schon einen Liebesbeweis per Schenkung erbracht. Eine solche Übertragung erfolgt in der Regel im Hinblick auf einen Fortbestand der Ehe. Scheitert die Ehe dann wider Erwarten doch, möchte der schenkende Ehegatte im Regelfall seine Übertragung rückgängig machen. Wenn in dem Übertragungsvertrag das Fortbestehen der Ehe aber nicht ausdrücklich zur Vertragsgrundlage gemacht wird, hat der Schenker keinen Rückübertragungsanspruch. Ist mit einem zwingend notariell geschlossenen Ehevertrag Gütertrennung vereinbart, hat der übertragende Ehegatte ohne vertragliche Regelung gar kein Recht auf Rückübertragung oder sonstige Berücksichtigung. Die einzig sinnvolle Lösung derartiger Probleme besteht darin, dass man sich bei der Übertragung für den Fall einer dauerhaften Trennung oder Scheidung einen Rückübertragungsanspruch vorbehält. Nur so kann sichergestellt werden, dass es im Fall der Scheidung nicht zu einer planwidrigen Vermögensverschiebung zulasten des Schenkers kommt.

EXPERTENTIPP

Sichern Sie das Rückforderungsrecht durch Eintragung einer Rückauflassungsvormerkung in das Grundbuch. So stellen Sie sicher, dass keine Gläubiger des beschenkten Ehegatten Ihren Rückforderungsanspruch durch Vollstreckungen in das Grundstück vernichten können oder Veräußerung oder Belastungen des geschenkten Grundstücksteils Ihre Rückforderung zunichtemachen.

Rückforderungsrecht bei Zuwendung an Ehegatten

Manchmal überträgt ein älterer Ehepartner per Schenkung seinem deutlich jüngeren Partner ein gemeinsam bewohntes Einfamilienhaus, weil er damit rechnet, zuerst zu versterben. Wenn aber dann doch der beschenkte Partner, dem die Immobilie gehört, zuerst verstirbt, erbt der Witwer allein oder zusammen mit den Kindern. Dies birgt jede Menge Risiken. Ist der Witwer, der mal seine Immobilie verschenkt hat, Erbe dieses Objekts, kann je nach Vermögenssituation des Verstorbenen Erbschaftsteuer für das Haus anfallen. Grundsätzlich ist das selbstgenutzte Einfamilienhaus zwar steuerfrei, wenn es vom Ehegatten zehn Jahre lang selber weiter genutzt wird. Wenn aber das Haus zu groß für den Überlebenden ist oder aus sonstigen Gründen vor Ablauf dieser Frist verkauft werden muss, fällt dieses Steuerprivileg weg. Erbt ein Witwer neben Kindern, wird er nicht wieder alleiniger Eigentümer und ist bei einer Veräußerung auf die Zustimmung der Kinder angewiesen. Auch kann sich das Problem stellen, dass der Witwer Miete an die Kinder zahlen muss. Im Extremfall muss er sogar das Objekt räumen, wenn er sich kein Wohnrecht vorbehalten hatte.

Aus diesen Gründen sollte sich ein Ehegatte, der Immobilien an seinen Partner verschenkt, neben den bereits behandelten Rückforderungsrechten auch ein Rückforderungsrecht für den Fall vorbehalten, dass der andere Ehegatte vor ihm verstirbt. So hat der übertragende Ehegatte die Wahl, ob er das Grundstück bei den Erben belässt oder wieder in sein Eigentum zurück überträgt.

EXPERTENTIPP

Es ist ratsam, sich bereits in dem Übertragungsvertrag unwiderrufliche Vollmachten für die Rückübertragung einräumen zu lassen, wenn der überlebende Ehegatte voraussichtlich nicht der spätere Alleinerbe ist. So ist sichergestellt, dass der überlebende Ehegatte nicht erst noch die Erben auf Rückübertragung verklagen muss.

Bei der Übertragung einer Immobilie an den Ehepartner sollte man auch die mögliche heimliche Belastung oder Veräußerung durch den Partner ausschließen. Der schenkende Partner sollte sich ein Rückforderungsrecht für den Fall vorbehalten, dass das Objekt ohne seine Zustimmung belastet oder veräußert wird. So hat der schenkende Partner die Gewähr, dass das Grundstück nicht gegen seinen Willen verwendet wird. Auch hier ist es notwendig, das Rückforderungsrecht durch eine entsprechende Eintragung im Grundbuch absichern zu lassen. Ebenfalls ist es sinnvoll, sich entsprechende unwiderrufliche Vollmachten zur Rückübertragung auf sich selber erteilen zu lassen.

Kapitel 4: Unterstützung von Angehörigen

Rückforderungsrechte bei Zuwendung an Abkömmlinge

Bei der Übertragung von Immobilien an Kinder oder Enkelkinder ist eine Reihe von Situationen einzukalkulieren, die nach der Übertragung bei den Kindern eintreten können. Ziel einer solchen Übertragung wird es immer sein, Zugriffsmöglichkeiten Dritter auf den Grundbesitz zu verhindern. Das können Gläubiger der Abkömmlinge sein, ebenso aber auch der Staat in dem Fall, dass beschenkte Abkömmlinge Sozialleistungen in Anspruch nehmen müssen.

Zur Erhaltung des Vermögens kann es sinnvoll sein, ein Rückforderungsrecht für den Fall der Veräußerung oder Belastung zu vereinbaren. Will der Abkömmling das Objekt aber noch umfangreich renovieren und muss er hierfür Kredite aufnehmen, ist dies keine praktikable Lösung. Hier kommt allenfalls eine Lösung in Betracht, nach der das Rückforderungsrecht hinter den geplanten Belastungen zurücktritt. So kann zumindest verhindert werden, dass weitere Gläubiger durch Eintragungen im Grundbuch die Möglichkeit erhalten, die Zwangsversteigerung zu betreiben und damit den wirtschaftlichen Wert zu vernichten.

Durch Unfall oder Krankheit, durch wirtschaftliches Pech oder Unfähigkeit kann ein beschenktes Kind oder Kindeskind zum Sozialfall werden. Selbst wenn dann das Objekt als Schonvermögen angesehen wird, besteht die Gefahr, dass der Leistungsträger sich nach dem Tod des Beschenkten bei dessen Erben an dem Grundbesitz schadlos hält.

Immer wieder kommt es vor, dass Kinder oder Enkel Insolvenz der eigenen Firma oder Privatinsolvenz anmelden müssen. Gläubiger versuchen dann in der Regel, in das Immobilieneigentum zu vollstrecken. Auch hier besteht die Gefahr, dass ein geschenktes Objekt verloren geht.

Das Verhältnis zwischen einem Schenker und einer beschenkten Person kann sich stark verschlechtern. Nicht ausgeschlossen ist, dass eine beschenkte Person Verhaltensweisen an den Tag legt, die zu einem Widerruf der Schenkung berechtigen, zum Beispiel Drohungen, rohe Gewalt oder Freiheitsentzug.

EXPERTENTIPP

In all diesen Fällen sollte sich der Schenker die unwiderrufliche Vollmacht zur Rückübertragung der geschenkten Vermögenswerte vorbehalten. Dies ist der praktikabelste Weg, um den Schutz effektiv und ohne unnötige Kosten durchzusetzen.

Uneingeschränktes Rückforderungsrecht

Sollte man sich als Schenker ein unbeschränktes Rückforderungsrecht vorbehalten? Wäre es nicht die beste und sicherste Lösung, wenn ein Schenker jederzeit und ohne Grund nach Lust und Laune Immobilien, Aktienpakete und Geldgeschenke zurückfordern könnte? Ein derartiges freies Rückforderungsrecht hat verschiedene unerwünschte Konsequenzen. Für den Zuwendungsempfänger bedeutet ein derartiges Rückforderungsrecht, dass er auf Gedeih und Verderb dem guten (oder bösen) Willen des Schenkers ausgesetzt ist. Für den Beschenkten ist eine vernünftige wirtschaftliche Planung in Anbetracht des Damoklesschwerts der Rückforderung überhaupt nicht möglich. Auch einkommensteuerlich kann ein solches Rückforderungsrecht sehr problematisch sein. Die Finanzgerichte gehen bei derartigen Vereinbarungen davon aus, dass Gestaltungsmissbrauch vorliegt, und rechnen die Einkünfte aus einem derartigen Grundstück einkommensteuerrechtlich weiter dem Übertragenden zu. Daher ist von einem uneingeschränkten Rückforderungsrecht abzuraten.

Exkurs: Absicherung von Lebensgefährten

Manchmal können verheiratete oder verwitwete Personen ihren aktuellen Geliebten oder Lebensgefährten kein Vermögen vererben oder schenken. Mal steht dem ein verbindliches Ehegattentestament entgegen, mal ist es von größter Bedeutung, ein Verhältnis geheim zu halten, um nicht den Ärger einer hintergangenen Ehepartnerin und der gesamten eigenen und angeheirateten Verwandtschaft auf sich zu ziehen. Manche Ehepartner auf Abwegen sind aber so generös, dass sie sich für die schönen Stunden in einem versteckten Liebesnest bedanken wollen. Die Lebensgefährtin soll nach dem Tod des Geliebten eine Absicherung erhalten.

Die Lösung für dieses Problem liegt in einer speziellen Variante der Lebensversicherung. Nicht jede Lebensversicherung führt zum gewünschten Ergebnis. So macht es wenig Sinn, wenn jemand für seine heimliche Partnerin eine hohe Lebensversicherung abschließt. Die gesamte Versicherungsleistung unterliegt in diesem Fall der Erbschaftsteuer. Diese beträgt bei Nichtverwandten nach Abzug eines Freibetrags von 20.000 Euro mindestens 30 Prozent. Von jedem Euro bleiben nur noch 66,66 Cent übrig. Außerdem kann die hintergangene Ehefrau aus der Schenkung eine spezielle Art des Pflichtteils, eine „Pflichtteilsergänzung", gegenüber der beschenkten Geliebten geltend machen, so dass die Schenkung an die Geliebte weiter erheblich dezimiert wird.

Beispiel

Gunter D. und seine Frau Diana, eine reiche Erbin einer Firma, haben keine Kinder, ihre Eltern sind bereits verstorben. In einem gemeinsamen Testament setzen sich die Ehepartner gegenseitig zu alleinigen Erben ein. Gunter verbringt während der häufigen und langen Geschäftsreisen von Diana die Tage und Nächte mit einer jungen Frau, Anita R., die er während eines Kuraufenthalts kennengelernt hat. Um die Geliebte finanziell abzusichern, schließt Gunter eine Lebensversicherung über 300.000 Euro ab und setzt sie als Bezugsberechtigte ein. Als Gunter vor Diana stirbt, hinterlässt er kein Vermögen. Anita erhält die 300.000 Euro aus der Lebensversicherung. Doch dann erfährt Diana über Freunde von den Seitensprüngen Gunters und über das Studium von Kontoauszügen von der Lebensversicherung. Die Trauer über den Verlust des Ehegatten mischt sich mit der Wut über seine Eskapaden. Diana beauftragt einen Fachanwalt für Erbrecht, ihre Ansprüche bei Anita geltend zu machen. Mit Erfolg: Anita muss ausgehend von einem Rückkaufwert von 150.000 Euro sogenannte „Pflichtteilsergänzungsansprüche" in Höhe von 75.000 Euro an Diana zahlen. Diesen Betrag kann Anita ebenso wie ihren Freibetrag von 20.000 Euro von der Erbschaftsteuer absetzen. Für die verbliebenen 205.000 Euro muss sie aber 61.500 Euro Steuern zahlen. Am Ende bleiben Anita R. von den 300.000 Euro nur noch 163.500 Euro übrig.

• •

Kapitel 5

Fürsorge für „Problemkinder" und Katastrophenfälle beim Schenker

Viele Eltern und ältere Menschen sehen sich in der Verpflichtung, behinderte, überschuldete, erkrankte, süchtige und insolvente Kinder oder entferntere Verwandte abzusichern. In vielen Fällen droht jedoch der Sozialhilferegress, durch den das Vermögen rasch dezimiert werden kann. Dieses Kapitel erklärt, was geschieht, wenn der Beschenkte oder gar der Schenker selbst zum Pflegefall wird, und wie der Zugriff des Staates auf die Schenkung verhindert werden kann.

Schenkungen an Problemkinder

Es kommt viel häufiger vor als in der Öffentlichkeit bekannt: Ein Kind kann sich – auch im Erwachsenenalter – auf lange Sicht nicht selbst versorgen. Die Gründe hierfür sind vielfältig: Krankheiten und Behinderungen, Drogenabhängigkeit und Spielsucht, fehlende oder abgebrochene Ausbildung, ein Studium, das keine einzige berufliche Chance eröffnet, Insolvenz nach Unternehmensgründung, Scheidung, Arbeitslosigkeit, Depressionen, Unfälle und andere Schicksalsschläge. Ein Unglück kommt selten allein, häufig führen mehrere Ursachen zur Hilfebedürftigkeit. Eltern versuchen meist, den eigenen Kindern so lange wie möglich zu helfen – durch Pflegeleistungen, durch Geldzuwendungen, durch Zahlung von Therapien, durch Überlassung einer Wohnung und erfolgversprechende Qualifizierungsmaßnahmen.

Irgendwann sind jedoch die Möglichkeiten der Eltern erschöpft. Wenn sie selbst alt, gebrechlich, dement und hilfebedürftig werden, können sie meist ihre Kinder weder durch Tatkraft noch durch finanzielle Leistungen unterstützen. Sollten die Eltern nun ihren hilfebedürftigen Kindern durch die Schenkung von Immobilien, Aktienpaketen, Geldanlagen, Lebensversicherungen und sonstiger Werte helfen?

Auf diese Frage gibt es keine allgemein gültige Antwort. In jedem Einzelfall ist die Frage anders zu beantworten. Es macht wenig Sinn, einem süchtigen Kind Bargeld zu schenken, das sofort in Drogen, im Spielcasino oder in Pferde- und Fußballwetten angelegt wird. Wenn Kinder einen Schuldenberg aufgehäuft haben, sollten Eltern ebenfalls nur dann Eigentum in Form einer Schenkung übertragen, wenn sie per Vertrag sicherstellen können, dass das Vermögen nicht verjubelt wird und nicht in die Taschen von Gläubigern wandern kann. Schließlich kommt es bei Kindern, die aufgrund von Krankheiten oder Behinderungen langfristig auf Sozialhilfe angewiesen sind, darauf an, den Zugriff des Sozialhilfeträgers auf das Vermögen zu unterbinden und stattdessen eine qualifizierte Pflege und Therapie über dem oft unzureichenden Sozialhilfe-Niveau zu ermöglichen.

Exkurs: Schenkung und Sozialhilferegress

Bei Übertragungen von Vermögen im Wege der vorweggenommenen Erbfolge besteht die große Gefahr, dass der Schenker aufgrund seines Alters oder seiner gesundheitlichen Situation hilfsbedürftig wird. Hier stellt sich oft die Frage, wie der nicht durch Rente, Pflegegeld oder sonstige Einkünfte finanzierbare Teil der monatlichen Unterbringungs- und Pflegekosten gedeckt werden kann. Im Regelfall wenden sich die Angehörigen wegen der dringend notwendigen Deckung dieser Kosten an den Sozialhilfeträger. Dieser tritt je nach Vermögenssituation des Hilfsbedürftigen in Vorleistung und versucht anschließend, von unterhaltsverpflichteten oder beschenkten Personen zumindest teilweise Ersatz zu verlangen.

Nachrangigkeit der Sozialhilfe

Für den Bezug von Sozialleistungen gilt das sogenannte „Subsidiaritätsprinzip". Das bedeutet, dass der Staat nur dann mit Leistungen hilft, wenn eine bedürftige Person nicht in der Lage ist, die anfallenden Kosten ihres Lebensunterhalts aus ihrem eigenen Einkommen und Vermögen zu bestreiten. Wenn ein Notfall eintritt und eine sofortige Unterbringung erfolgen muss, tritt der Sozialstaat vorläufig in die Finanzierung ein. Er wird aber prüfen, inwieweit eigenes Vermögen der bedürftigen Person oder berechtigte Ansprüche gegen Dritte (Mietzahlungen, Dividenden, Unterhaltsansprüche) vorhanden sind. Eigenes Vermögen ist vorrangig zur Finanzierung des Lebensunterhalts zu verbrauchen, so dass selbst unter Entbehrungen Erspartes zunächst für den eigenen Bedarf eingesetzt werden muss. Eine Ausnahme gilt nur für das sogenannte Schonvermögen. Es handelt sich dabei um einen Barbetrag von zurzeit 2.600 Euro und ein „angemessenes" Eigenheim (also keine große Villa, sondern eine kleine Wohnung, unter Umständen sogar ein kleines Haus). Wechselt eine bedürftige Person aber in ein Alten- oder Pflegeheim, besteht keine Veranlassung mehr, das Immobilienvermögen zu schonen. Nur dann, wenn noch der Ehegatte im Haus wohnt, wird die Immobilie nicht veräußert. Es wird dann eine „Sicherungshypothek" zugunsten des Sozialhilfeträgers eingetragen. So ist einerseits sichergestellt, dass der Ehegatte das Haus nicht verlassen muss, andererseits kann der Sozialhilfeträger später seine Ansprüche durchsetzen.

Es werden auch mögliche Unterhaltsansprüche des Bedürftigen gegen seine Abkömmlinge geprüft. Stellt der Sozialhilfeträger entsprechende Ansprüche fest, kann er diese auf sich überleiten und sie im eigenen Namen gegen das unterhaltspflichtige Kind geltend machen. Dies kann je nach finanzieller Situation einer unterhaltsverpflichteten Person so weit gehen, dass sogar dessen Vermögenssubstanz angegriffen wird. Dabei wird jedoch die selbstgenutzte Immobilie und Vermögen, das einer ordnungsgemäßen Altersversorgung dient, nicht herangezogen. Geht das Vermögen hierüber aber hinaus – hat ein Kind beispielsweise mehrere Häuser –, kann im Extremfall auch darauf zugegriffen werden.

Haftung der Erben für bezogene Sozialleistungen

Hatte ein Hilfeempfänger Schonvermögen, beispielsweise in Form eines angemessenen Eigenheims, haften seine Erben mit diesem Vermögen für bezogene Sozialhilfeleistungen. Die Haftung ist allerdings auf den Nachlass beschränkt. Mit seinem eigenen Vermögen muss der Erbe eines Sozialhilfeempfängers für die empfangene Sozialhilfe aber grundsätzlich nicht einstehen. Wenn aber ein Sozialhilfeempfänger die Leistungen zu Unrecht erhalten hat, kann der Sozialhilfeträger die Erstattung verlangen. Diese Forderungen sind dann ganz normale Nachlassverbindlichkeiten, für die ein Erbe sogar mit seinem Privatvermögen haften muss. Es gibt aber Möglichkeiten der Haftungsbeschränkung auf den Nachlass, die dann zügig ergriffen werden müssen. Durch umsichtiges Taktieren kann ein Erbe also erreichen, dass er nicht mit seinem persönlichen Vermögen haftet, sondern lediglich maximal der vorhandene Nachlass für diese Schulden herangezogen wird. Hier ist jedoch größte Vorsicht und der Rat eines versierten Anwalts angesagt. Zögern Sie in derartigen Fällen nicht, rasch einen versierten Fachanwalt für Erbrecht einzuschalten. Da hier unter Umständen auch die Ausschlagung einer Erbschaft als beste Lösung im Interesse des Erben in Frage kommt, ist schnelles Handeln geboten. Die Ausschlagungsfrist beträgt nur sechs Wochen ab Kenntnis der Erbeinsetzung!

Aufgrund eines schweren Motorradunfalls ist Franz J. seit seinem 19. Lebensjahr schwerbehindert und auf Sozialhilfe angewiesen. Franz heiratet und hat mit seiner Frau Rosa zwei Kinder. Die ganze Familie lebt von Sozialhilfe, bis die Kinder Berufe erlernt haben und sich selbst ernähren können. Nun erhalten nur noch Franz und Rosa Sozialhilfe. Im Alter von 58 Jahren erbt Franz von seiner Großmutter Ackergrundstücke im Wert von 100.000 Euro. Er verheimlicht dies gegenüber dem Sozialamt, verkauft die Grundstücke und verbraucht das Geld. Als Franz mit 68 Jahren verstirbt, hat er mit seiner Frau in den letzten zehn Jahren einen sechsstelligen Eurobetrag an Sozialleistungen bezogen. Anlässlich des Todes erfährt das Sozialamt von der Erbschaft. Es macht nun gegenüber den Kindern als Erben geltend, dass Franz die Sozialhilfe zu Unrecht bezogen hat, und fordert von ihnen den entsprechenden Betrag – 100.000 Euro – zurück. Da die Kinder nicht fristgerecht die „Erbschaft" ihres Vaters ausschlagen und keine Haftungsbeschränkungsmaßnahmen ergreifen, müssen sie mit ihrem eigenen Vermögen für die Schulden ihres Vaters (beim Sozialamt) haften. Hier kann zwar ein Fachanwalt für Erbrecht Wege beschreiten, mit denen das verhindert wird. Es ist aber schnelles und versiertes Handeln erforderlich, um diese Katastrophe zu vermeiden.

Katastrophenfall: Schenker wird bedürftig

Schenkungen erfolgen meist zu einer Zeit, in der noch keine Bedürftigkeit gegeben ist. Ein Schenker kann aufgrund seiner aktuellen Einkommenssituation trotz der Reduzierung seines Vermögens gut leben. Wird er aber zum Pflegefall, kann es problematisch werden. Die Kombination von Rente und Pflegegeld reicht dann oft nicht aus, um die laufenden Kosten eines Pflegeplatzes in einem Heim zu decken. In der Regel wendet sich dann das Heim an den örtlichen Sozialhilfeträger, das ist der jeweilige Kreis oder eine kreisfreie Stadt, bekannt vor Ort als „Sozialamt".

Schenkungswiderruf wegen Verarmung des Schenkers

Hat eine bedürftige Person kein eigenes einsetzbares Vermögen mehr und reicht ihr Einkommen für ihren angemessenen Unterhalt nicht aus, hat sie das Recht, eine Schenkung (die innerhalb der vergangenen zehn Jahre zustandegekommen ist) zu widerrufen und von der beschenkten Person zurückzufordern. Diese Ansprüche kann der Sozialhilfeträger auf sich überleiten. Dies geschieht durch Verwaltungsakt. Damit ist aber noch keine Entscheidung darüber getroffen, ob diese Ansprüche überhaupt bestehen oder durchsetzbar sind.

EXPERTENTIPP

Es macht in einem solchen Fall in der Regel keinen Sinn, gegen die Überleitung als solche zu klagen. Eine solche Klage müsste an das Verwaltungsgericht gerichtet werden. Erst wenn die konkreten Ansprüche auf Rückgabe durch eine separate Klage vor dem in der Regel zuständigen Landgericht geltend gemacht werden, gilt es, einen versierten Anwalt einzuschalten und sich zu verteidigen.

Wie viel kann zurückgefordert werden?

Von einer Schenkung kann nur der Teil zurückverlangt werden, der zur Deckung des Notbedarfs erforderlich ist. Dabei bleiben Unterhaltsansprüche des Schenkers außer Betracht. Ein Beschenkter kann also das Sozialamt nicht zunächst auf die Unterhaltsansprüche des Bedürftigen verweisen. Sinn der Regelung ist es ja gerade, dass der Schenker mit der Rückforderung seinen Unterhalt selber bestreiten kann und nicht auf andere angewiesen ist.

Bei Schenkungen von Geld kann der notwendige Geldbetrag zurückgefordert werden. Ist Grundbesitz verschenkt worden, kann der Schenker oder der Sozialhilfeträger die Immobilie komplett zurückfordern. Das kann eine beschenkte Person nur dadurch verhindern, dass sie den für den Unterhalt nötigen Betrag zahlt. So lässt sich vermeiden, dass das Grundstück zurückgegeben und unter Zeitdruck oder zu ungünstigen Konditionen veräußert werden muss.

Sind im Zusammenhang mit der Übertragung von Grundbesitz Gegenleistungen vereinbart und erbracht worden, kann die beschenkte Person diese Leistungen zurückverlangen und die Rückübertragung von der Rückerstattung abhängig machen. In einem solchen Fall kann eine Rückforderung des Grundstücks auch nur für einen Betrag erfolgen, der maximal der Differenz zwischen dem Wert des Geschenkten und der Gegenleistung entspricht.

Beispiel

Frank W. bekommt von seinem Onkel Fritz T. ein Grundstück im Wert von 200.000 Euro übertragen. Das Grundstück ist mit einem Wohnrecht der Großmutter Josefa belastet, die sich immer noch guter Gesundheit erfreut und gerne in dem Haus wohnt. Das Wohnrecht hat einen Wert von 50.000 Euro. Weiterhin übernimmt Frank ein Darlehen mit einer offenstehenden Restsumme von 100.000 Euro. Der effektive Wert der Schenkung beläuft sich daher nur auf 50.000 Euro. Dem Wert des Hauses stehen also bei der Übertragung Darlehensverpflichtungen sowie das übernommene Wohnrecht gegenüber, die für die Ermittlung des Wertes der Schenkung abgezogen werden müssen. So kann der Sohn bei Bedürftigkeit des Vaters auch nur gegen maximal diesen Differenzbetrag aus der Schenkung in Anspruch genommen werden.

Rückforderung nur zehn Jahre möglich

Das Rückforderungsrecht erlischt zehn Jahre nach der Schenkung. Entscheidend für den Beginn der Zehn-Jahres-Frist ist der Zeitpunkt, zu dem bei einem Grundstück der Eintragungsantrag beim Grundbuchamt gestellt wurde. Bei Geldschenkungen ist der Zeitpunkt eindeutig zu definieren (der Tag, an dem die Überweisung beim Beschenkten eingegangen ist). Anders als im Pflichtteilsrecht kommt es nicht darauf an, ob sich der Schenker selber einen

Nießbrauch oder ein Wohnrecht an dem verschenkten Objekt vorbehalten hat. Auch im klassischen Fall der Übertragung eines „Familienheims" ist der Beschenkte nach Ablauf von zehn Jahren vor dem Risiko geschützt, das Grundstück mit Haus zurückgeben zu müssen. Nur dann, wenn ein Nießbrauchsvorbehalt vereinbart ist, stellt sich die Situation etwas anders dar. Dann fließen dem Schenker lebenslang, also auch nach Ablauf der zehn Jahre, die Erträge aus dem Nießbrauchsrecht zu. Wenn das Objekt vermietet werden kann, muss dies geschehen, um die laufenden Unterhaltskosten des Schenkers zu bestreiten. Lediglich die Rückgabe scheidet nach zehn Jahren aus.

Beispiel

Witwer Michael F. ist Eigentümer eines Einfamilienhauses in Leipzig, in dem er lebt. Im Jahre 2005 überträgt er das Haus seinem Sohn Richard und behält sich ein lebenslanges Nießbrauchsrecht an dem Objekt vor. Im Jahre 2010 wird Michael F. zum Pflegefall und muss in ein Heim wechseln. Die geringe Rente, die Michael bezieht, reicht zusammen mit dem Pflegegeld nicht annähernd für die Kosten des Pflegeplatzes aus. Da der alte Mann sich den Nießbrauch an dem Haus vorbehalten hat, kann und muss er das Haus vermieten und eingehende Mieten einsetzen, um seine Pflegekosten zu zahlen. Reichen die Mieteinkünfte nicht aus, muss das bereits verschenkte Haus unter Umständen sogar wegen Verarmung des Schenkers zurückgefordert und verkauft werden, um den Pflegeplatz im Heim bezahlen zu können. Sind seit der Übertragung zehn Jahre vergangen, steht dieses Risiko aber nicht mehr im Raum.

EXPERTENTIPP

Statt eines Nießbrauchsrechts sollte besser ein Wohnrecht eingeräumt werden. Ein Wohnrecht ist ein höchstpersönliches Recht, das man einem Dritten nicht zur Ausübung überlassen darf. Im Rahmen der Übertragung muss man besondere Sorgfalt und Umsicht walten lassen, um die Nutzung und Verwertbarkeit der Immobilie aufrechtzuerhalten, ohne dass man äußeren Zwängen ausgesetzt ist. Insbesondere kann damit vermieden werden, dass beispielsweise Wohnraum an fremde Dritte vermietet werden muss. Eine sinnvolle Variante ist, dass vereinbart wird, dass das Wohnrecht ersatzlos entfällt, wenn der Berechtigte dauerhaft aus dem Objekt auszieht. So wird verhindert, dass die dem Wohnrecht unterliegenden Räume trotz Auszugs für eine andere Nutzung blockiert werden.

Schutz des Beschenkten

Ein Beschenkter kann einwenden, dass er bei Rückgabe des geschenkten Objekts und unter Berücksichtigung seiner sonstigen Verpflichtung selber bedürftig würde oder seinen Unterhaltspflichten gegenüber seinen Kindern oder anderen Personen nicht mehr nachkommen könnte. Ein von ihm selbst mit seiner Familie bewohntes Heim wird er daher in der Regel nicht zurückgeben müssen. Er kann allerdings nicht einwenden, dass das Haus für den Schenker Schonvermögen sei und es der Schenker daher nicht hätte einsetzen müssen.

Der Beschenkte kann sich – vorausgesetzt, dass das auch stimmt – auch mit der Begründung zur Wehr setzen, dass der Schenker nach der Übertragung seine Bedürftigkeit vorsätzlich oder durch grobe Fahrlässigkeit selber herbeigeführt hat. Das ist beispielsweise der Fall, wenn der Schenker – allerdings erst nach der Übertragung – durch leichtsinnige Spekulationen oder durch Verschwendung sein Vermögen verbraucht hat und dadurch bedürftig geworden ist. Ist die Bedürftigkeit erst durch die Übertragung des Grundbesitzes oder Geldes eingetreten, zieht dieser Einwand nicht.

Hat der Beschenkte Geld erhalten und mit diesem unerwarteten Geldsegen beispielsweise eine Reise gemacht, die er ohne diese Mittel nicht gemacht hätte, hat er noch eine weitere Verteidigungsmöglichkeit: Er kann sich auf den sogenannten „Wegfall der Bereicherung" berufen. Der „Wegfall der Bereicherung" muss haarklein begründet sein. Schon ein unbedachter Satz kann die beschenkte Person um ihre Verteidigungsmöglichkeiten bringen.

Tante Katharina K. hat ihrem Lieblingsneffen und Patenkind Mario T. zu seinem 30. Geburtstag 30.000 Euro geschenkt. Mario ist ganz begeistert und macht mit seiner Freundin eine Weltreise, die insgesamt etwa 30.000 Euro kostet. Ohne diese Geldspritze der Tante hätte er sich eine solche Reise nie leisten können und auch nie geleistet. Zwei Jahre nach der Schenkung wird Katharina K. zum Sozialfall. Das Sozialamt leitet die Ansprüche der Tante wegen Verarmung der Schenkerin auf sich über. Mario kann sich auf den Wegfall der Bereicherung berufen und braucht das Geld nicht zurück zu zahlen.

Um im Zuge der Übertragung einer Immobilie Rückforderungsansprüche von vornherein auszuschließen, empfiehlt es sich, möglichst viele Gegenleistungen aufzubauen (vergleiche Kapitel 6). Je mehr Gegenleistungen erbracht werden müssen, desto geringer ist der Schenkungsanteil mit der Folge, dass nur wenig oder fast gar keine Schenkung mehr übrig bleibt. Je geringer der Schenkungsanteil ausfällt, desto geringer ist das Vermögen, das vom Sozialhilfeträger zurückgefordert werden kann.

Beschenkter wird bedürftig - der Super-GAU?

Durch eine schwere Krankheit oder einen Unfall kann es passieren, dass ein mit einem Grundstück oder Geld beschenkter naher Verwandter zum Sozialfall wird. Vor solchen Schicksalsschlägen ist niemand gefeit. Was geschieht in einem derartigen Fall mit der geschenkten Immobilie oder dem geschenkten Geld?

Wie eingangs festgestellt, greift Sozialhilfe nur dann ein, wenn Bedürftigkeit besteht. Ist aber Geld oder eine Immobilie vorhanden, muss der Bedürftige zunächst sein Vermögen für seinen Lebensunterhalt verwenden, bis nur noch das geringfügige „Schonvermögen" übrigbleibt. Ist Geld geschenkt worden und dieses noch vorhanden, muss das Geld bis auf den Schonbetrag für den Lebensunterhalt eingesetzt werden. Geschenktes Geld ist also praktisch verloren.

Bei umsichtiger Planung im Zusammenhang mit der Schenkung lässt sich dieses Ergebnis aber vermeiden. Über die Schenkung von Geld sollte unabhängig von der Nähe der Beziehung zwischen Schenker und Beschenktem ein Schriftstück aufgesetzt werden, in dem auch ein derart unwahrscheinlicher und unerwarteter Fall berücksichtigt wird. Für den Fall der Bedürftigkeit des Beschenkten sollte bestimmt werden, dass das noch vorhandene Geldvermögen an den Schenker zurückfließt. Auf diese Weise ist sichergestellt, dass das Vermögen nicht vom Beschenkten für seinen Lebensunterhalt verbraucht werden muss. Sollte der Schenker aber eine zum Unterhalt verpflichtete Person (zum Beispiel ein Elternteil) sein, wird auch das möglicherweise nicht helfen. Hier muss man im Einzelfall sehen, wie hoch das Vermögen oder das Einkommen des Schenkers ist.

Immobilie als Schonvermögen?

Ist einer bedürftigen Person eine Immobilie geschenkt worden, kann es sich grundsätzlich um Schonvermögen handeln, das nicht für den Lebensunterhalt verbraucht werden muss. Das Problem ist damit aber nur vertagt. Später haften seine Erben mit der Immobilie für die bezogene Sozialhilfe.

• •

Beispiel

Volker L. lebt gut und gerne. Sein Vater Paul kann es nicht mit ansehen, dass er mit seiner Frau und seinen drei Kindern in einer heruntergekommenen Wohnung wohnt. Er überträgt ihm daher ein hübsches Einfamilienhaus mit fünf Zimmern, gerade passend für die Familie. Volker verfällt dem Alkohol und verliert seine Stelle als KFZ-Mechaniker. Er muss Hartz IV beantragen. Das Haus zählt jedoch zum Schonvermögen, so dass es nicht verkauft werden muss. Volker kann hier mit seiner Familie wohnen bleiben. Volkers Zustand verschlechtert sich, doch seine Frau findet Arbeit als Altenpflegerin, nach vier Jahren haben auch die drei Kinder eine Ausbildung abgeschlossen. Als Volker infolge einer Leberzirrhose sieben Jahre nach Beginn der Sozialhilfe-Abhängigkeit verstirbt, fordert der Sozialhilfeträger seine Erben, die Frau und die Kinder, auf, die bezogenen Hartz-IV-Leistungen zurückzuzahlen. Nun müssen die Erben unter Umständen das Haus verkaufen und ausziehen.

Der Sozialhilferegress lässt sich bei vorausschauender und vorsichtiger Planung und Regelung einer Immobilienschenkung vermeiden. Mit einer Rückfallklausel für den Fall der Veräußerung oder Belastung ist bei einem Vermögen, das über reines Schonvermögen hinausgeht, schon eine ausreichende Absicherung gegeben. Ist eine Immobilie als Schonvermögen geschützt, wird vonseiten des Sozialhilfeträgers entweder eine Verwertung oder aber eine Eintragung einer Sicherungshypothek gefordert. Gerade dies löst dann aber den Rückfallanspruch des Schenkers aus. Die Immobilie fällt zurück an den Schenker, der Sozialhilfeträger geht leer aus.

EXPERTENTIPP

Vereinbaren Sie bei Immobilienübertragungen in einem Schenkungsvertrag auch einen Rückfallanspruch für den Fall, dass der Beschenkte Anspruch auf Sozialleistungen erhält. Damit erreichen Sie eine noch deutlichere Absicherung. Ein Schenker kann bei dieser vertraglichen Gestaltung die Immobilie zurückfordern. Die Immobilie muss in diesem Fall nicht anstelle der Sozialhilfe für den Lebensunterhalt der beschenkten Person eingesetzt werden.

Insolvenz des Beschenkten

Wenn ein Unternehmer beschenkt wird, stellt sich für die schenkenden Personen immer auch die Frage, was bei einer Insolvenz mit dem Vermögen passiert. Generell ist bei allen Schenkungen zu bedenken, dass Verwandte und

Bekannte auch nach einer großzügigen Schenkung aufgrund unwirtschaftlichen Verhaltens in die Privatinsolvenz schlittern können. Im einen wie im andern Fall geht die Schenkung endgültig verloren und kommt nur noch den Gläubigern zugute.

EXPERTENTIPP

Auch für eine unwahrscheinliche Insolvenz eines Unternehmers oder einer Privatperson sollte auf jeden Fall im Schenkungsvertrag eine Rückfallklausel vereinbart werden. So lässt sich vermeiden, dass das geschenkte Vermögen zur Bedienung der Gläubiger verwendet werden muss. Es fließt zurück an den Schenker oder seine Erben, auf jeden Fall bleibt es in der Familie.

Vorsicht bei der Formulierung der Rückforderungsklauseln!

Bei der Formulierung der Rückforderungsklauseln müssen Schenker mit großer Umsicht vorgehen. Hier sind alle möglichen Katastrophenfälle zu bedenken, so unwahrscheinlich ihr Eintreten auch sein mag. An der Redensart „Erstens kommt es anders und zweitens als man denkt" ist leider etwas Wahres dran. Ein erfahrener Fachanwalt wird mit Ihnen in der Beratung alle wesentlichen Details besprechen. Da bei Immobilien eine notarielle Beurkundung erforderlich ist, empfiehlt es sich, den Vertrag vor der Unterschrift anwaltlich prüfen zu lassen.

Insolvenzanfechtung

Droht eine Insolvenz, ist die Versuchung groß, das Vermögen noch schnell dem Gläubigerzugriff zu entziehen oder dies zumindest zu versuchen. Die dann vorgenommenen Schenkungen an einen Ehegatten oder Kinder sind mit der sogenannten Insolvenzanfechtung angreifbar. Danach kann der Insolvenzverwalter derartige Schenkungen anfechten mit der Folge, dass das geschenkte Grundstück dann doch in die Insolvenzmasse fällt. Derartige Vermögensverfügungen bieten sich allenfalls ganz lange vor einem möglichen Insolvenzfall an. Am sinnvollsten ist es, solche Übertragungen in wirtschaftlich gesunden Zeiten vorzunehmen, damit der Verdacht der Gläubigerbenachteiligung erst gar nicht aufkommt. Bricht eine Insolvenz aber unverhofft oder früher als erwartet über eine Familie herein, droht alleine schon wegen der Fristen zwischen Schenkung und Insolvenzantrag eine erfolgreiche Anfechtung des Vertrags durch den Insolvenzverwalter.

Schenkung an ein behindertes Kind

Ein behindertes Kind, das zunächst über lange Zeit bei seinen Eltern lebt, wird nach deren Tod meist in betreutes Wohnen oder sogar in ein Pflegeheim wechseln müssen. Aus den hohen Kosten solcher Einrichtungen und fehlenden oder geringen Einnahmen aus eigner Arbeit ergibt sich meist rasch eine Abhängigkeit von Sozialhilfeleistungen. Die Übertragung einer Immobilie auf ein behindertes Kind ist unter diesem Aspekt keinesfalls sinnvoll. Selbst wenn das Kind in der Immobilie wohnen bleiben kann, ist über kurz oder lang damit zu rechnen, dass Sozialhilfe-Leistungen nicht zu vermeiden sind. Die Immobilie oder die übertragene Wohnung ist dann zwar im günstigsten Fall zunächst Schonvermögen; spätestens nach dem Tod des behinderten Kindes werden die Erben der Immobilie aber wegen der erbrachten Sozialleistungen in Anspruch genommen. Für die finanzielle Absicherung des Kindes schon zu Lebzeiten der Eltern ist nur die Einräumung eines Wohnrechts an einer Immobilie oder einem Teil einer Immobilie sinnvoll. Bei allen anderen Übertragungen zu Lebzeiten der Eltern besteht die Gefahr, dass aufgrund des Sozialhilferechts zunächst das geschenkte Vermögen für den Lebensunterhalt eingesetzt werden muss.

Die Eltern Josepha und Wilhelm M. haben die behinderte Tochter Petra M. Sie bauen an ihr Haus einen Anbau mit einer behindertengerechten Wohnung an und bilden Wohnungseigentum. Petra erhält die behindertengerechte Wohnung als Eigentumswohnung und kann hier auch mit Unterstützung ihrer Eltern mehr oder weniger selbstständig leben. In Folge eines schweren Verkehrsunfalls versterben beide Eltern zum gleichen Zeitpunkt. Zwei Jahre und drei Monate kann Petra noch in ihrer Eigentumswohnung alleine leben. Dann verschlechtert sich trotz intensiver Therapien ihr Gesundheitszustand, so dass sie in ein Pflegeheim wechseln muss. Außer einer kleinen Waisenrente verfügt sie über keine Einkünfte; sie ist daher auf Sozialhilfe angewiesen. Da sie nicht in der Eigentumswohnung wohnen kann, zählt die Wohnung nicht mehr zum Schonvermögen. Petra muss die Wohnung verkaufen und zunächst von dem Erlös leben. Das Sozialamt wird allenfalls eine Zwischenfinanzierung bis zur Veräußerung der Wohnung übernehmen, sich dieses Geld aber nach der Veräußerung vom Verkaufserlös zurückholen.

Die bessere Alternative zur Immobilienschenkung stellt die Errichtung eines sogenannten Behindertentestaments dar. Hiermit regeln Eltern für den Fall des Versterbens der Elternteile, dass das behinderte Kind jeweils einen Erbteil bekommt, der über seinem Pflichtteil liegt. Man setzt das Kind aber nur zum „Vorerben" ein und bestimmt andere Verwandte oder beispielsweise karitative Organisationen zu „Nacherben". Gleichzeitig wird eine Testamentsvollstreckung angeordnet, damit der Erbteil des behinderten Kindes ein Sondervermögen darstellt, auf das weder Gläubiger noch der Staat als Sozialhilfeträger zugreifen können. Der Testamentsvollstrecker ist bei dieser vertraglichen Gestaltung dafür zuständig, dem behinderten Kind über die aus der Sozialhilfe finanzierten Pflege- und Therapieleistungen hinaus zusätzliche Therapien, erwünschte Urlaubsreisen und andere Annehmlichkeiten, mithin einen besseren Lebensstandard zu ermöglichen. Diese vertragliche Konstruktion ist in den letzten Jahren vom Bundesgerichtshof als dem höchsten deutschen Zivilgericht mehrfach als zulässig anerkannt worden.

Kapitel 6

Vermögensübertragung und Gegenleistung

Viele ältere Menschen übertragen ihr Vermögen an Kinder oder andere Verwandte, um sich im Alter wichtige Vorteile wie eine private Zusatzrente oder Pflegeleistungen zu verschaffen. Dieses Kapitel erklärt, wie ein Schenker, der sein Vermögen aus der Hand gibt, für den Alters- und Pflegefall durch Leistungen des Beschenkten bestmöglich abgesichert werden kann.

Versorgung des Schenkers hat Vorrang

Eine Vermögensübertragung ist nicht in jedem Fall Ausdruck von Freigebigkeit und Großzügigkeit. Im Gegenteil. Viele Seniorinnen und Senioren nutzen ihr Vermögen, um sich ganz gezielt persönliche Vorteile zu verschaffen. Je nach Einzelfall sind ältere Menschen auf Geldleistungen, Wohnung oder Pflege angewiesen. Oft reicht die Rente nicht aus, um den Lebensunterhalt und eine über mehrere Jahre hinweg notwendige Pflege im Alter zu finanzieren. Häufig wünschen sich Seniorinnen und Senioren, dass „ihre" Immobilie im Familieneigentum bleibt. Statt die Immobilie zu vererben, übertragen sie dieses oft sehr wertvolle Eigentum bereits zu Lebzeiten in die nächste Generation. Dies macht jedoch nur dann Sinn, wenn ein Ausgleich zwischen den Interessen der Eltern und jenen der Kinder erzielt wird.

●●●

CHECKLISTE

Zur Absicherung des Schenkers empfiehlt es sich, je nach Bedarf folgende Klauseln aufzunehmen:

- ❑ Nießbrauchs- oder Wohnrechtsvorbehalt Rückfallklausel (Einzelheiten im Kapitel 4)
- ❑ Pflichtteilsanrechnungsklausel (Einzelheiten im Kapitel 7)
- ❑ Ausgleichspflichten (Einzelheiten im Kapitel 7)
- ❑ Rentenzahlungen
- ❑ Pflegeverpflichtung

●●●

Schenkung gegen Nießbrauch

In den meisten Fällen denken die Menschen unmittelbar an eine Schenkung gegen Nießbrauch oder Wohnrecht. Im Bereich der Landwirtschaft wurde das Prinzip der Übertragung gegen Versorgungsleistungen entwickelt. Es wird hier auch heute noch durch den Gesetzgeber steuer- und zivilrechtlich begünstigt. In der Praxis kommen auch außerhalb der Landwirtschaft immer mehr Verträge zustande, die eine Vermögensübertragung gegen Pflegeverpflichtungen oder Pflegeleistungen beinhalten. Aufgrund der gestiegenen Lebenserwartung gewinnt dieses Modell derzeit an Attraktivität. Immer mehr ältere Menschen möchten eine persönliche Pflege durch Angehörige und wenden ihr Vermögen Personen zu, die zu Pflegeleistungen bereit sind.

Martina und Klaus F. sind Eigentümer eines Mehrfamilienhauses mit 20 Wohneinheiten in Kaiserslautern, eine Einheit bewohnen sie selbst. Das Rentner-Ehepaar hat zwei Kinder, den Sohn Rainer und die Tochter Eva. Der Steuerberater rät den Eltern und Eigentümern, das Haus auf die Kinder zu übertragen, um ihnen später die Zahlung von Erbschaftsteuern zu ersparen. Martina und Klaus F. haben jedoch zu Rainer, der mit 18 Jahren ausgezogen ist, seit vielen Jahren keinerlei Kontakt. Sie möchten Rainer, der sich nicht einmal zum 70. Geburtstag seines Vaters gemeldet hat, am liebsten enterben. Zu ihrer Tochter Eva, deren Mann und ihren Enkeln haben die Eltern ein sehr gutes Verhältnis. Eva soll das Haus bekommen und möglichst für die Enkel erhalten. Allerdings benötigen Martina und Klaus F. noch die Einkünfte aus der Vermietung der Wohnungen für ihren Lebensunterhalt. Der Steuerberater empfiehlt ihnen, das Haus an Eva zu verschenken und sich den Nießbrauch vorzubehalten.

Die Übertragung gegen Nießbrauch ist eine von Steuerberatern überwiegend empfohlene und dadurch sehr häufig angewendete Form der Vermögensübertragung innerhalb von Familien. Steuerlich betrachtet handelt es sich um eine „Schenkung" zu Lebzeiten. Eine beschenkte Person kann wie ein Erbe den Steuerfreibetrag in Anspruch nehmen, in Höhe dieser Summe fällt keine Schenkungsteuer an. Die Freibeträge stehen nach zehn Jahren erneut zur Verfügung, nach dieser Frist sind also weitere Schenkungen zugunsten der gleichen Person möglich, ohne dass – wiederum bis zum Steuerfreibetrag – Schenkungsteuer anfällt.

Nachteile des Nießbrauchs

Den oben dargestellten Vorteilen aufseiten beschenkter Personen stehen jedoch massive Nachteile gegenüber. Insofern ist das von Steuerberatern so gerne beworbene Schenkungsmodell kritisch zu bewerten.

Kritikpunkt Nr. 1: Pflichtteilsrisiko

Erbrechtlich führt der Vorbehalt eines Nießbrauchs dazu, dass die Schenkung so behandelt wird, als wäre sie am Todestag erfolgt. Wenn eine pflichtteilsberechtigte Person enterbt wurde, können sich daraus „Pflichtteilsergänzungsansprüche" aus dem Wert der Immobilie ergeben. Ein Kind, das wegen eines Fehlverhaltens explizit kein Vermögen erhalten sollte, kann nach dem Erbfall möglicherweise aus der „Schenkung gegen Nießbrauch" zusätzlich zu dem Pflichtteil (halber Erbteil) weitere Geldforderungen ableiten. Aus der zurückliegenden, längst endgültig und unanfechtbar geglaubten Schenkung errechnet sich nun ein „Pflichtteilsergänzungsanspruch", eine Forderung, die von den Schenkern zu keinem Zeitpunkt erwünscht war.

Kritikpunkt Nr. 2: Kein Verkaufsrecht im Notfall

Der Nießbrauch ist nach der Regelung des Gesetzes „das Recht eines anderen, aus einer Sache Nutzungen zu ziehen". Für Häuser bedeutet dies, dass im Wesentlichen die Miet- und Pachteinnahmen nicht dem Eigentümer, sondern dem Nießbrauchsberechtigten zufließen. Bei einem Nießbrauch für eine Immobilie ist zwar der Beschenkte formal Eigentümer des Grundstücks. Der frühere Eigentümer bleibt aber für die Dauer des Nießbrauchs „wirtschaftlicher Eigentümer", da ihm alle Mieten zustehen. Ein Nießbraucher ist nicht berechtigt, das Haus zu verkaufen oder zu belasten. Dies bedeutet, dass er im Notfall nicht auf den Wert des Gebäudes, sondern lediglich auf die laufenden Erträge zurückgreifen kann. Der „Substanzwert" des Gebäudes ist auf den neuen Eigentümer übergegangen.

Kritikpunkt Nr. 3: Kein Veränderungsrecht

Der Nießbraucher kann keine wesentlichen Veränderungen an dem Haus durchführen, sondern er darf und muss die Immobilie im ursprünglichen Zustand erhalten. Schon der Einbau eines Aufzugs ist ohne Zustimmung des neuen Eigentümers nicht mehr möglich. Wenn sich das anfänglich gute Verhältnis zwischen den Eltern und den beschenkten Kindern bei lang anhaltender Pflegezeit wendet, ist es keineswegs garantiert, dass die Kinder als neue Eigentümer einer kostenaufwändigen Baumaßnahme zustimmen.

Kritikpunkt Nr. 4: Pflicht zur Verwaltung

Das Nießbrauchsrecht berechtigt nicht nur, die Mieten zu vereinnahmen. Vielmehr kann der Nießbraucher auch die Sache selbst für sich nutzen, zum Beispiel in einer Wohnung leben. Allerdings ist auch zu berücksichtigen, dass der Nießbrauchsberechtigte zur Instandhaltung und zur Verwaltung selbst verpflichtet bleibt wie ein Eigentümer. Gerade im hohen Alter, bei Krankheiten, bei Demenz und bei wachsender Pflegebedürftigkeit kann die Verwaltung eines Mehrfamilienhauses eine Belastung darstellen. Dies gilt umso mehr, wenn die nießbrauchsberechtigte Person eine der Wohnungen im Haus selbst bewohnt. Regelmäßig werden Mieter mit Beschwerden über die eine oder andere Kleinigkeit vor der Wohnungstüre stehen. Eine hierfür häufig angebotene Lösung ist das sogenannte „Rentenwahlrecht". Danach kann der Nießbraucher vom Eigentümer eine pauschale Rente statt des Nießbrauchs verlangen, wenn er selbst die Verwaltung nicht mehr leisten kann.

Vorteile des Nießbrauchs

Abgesehen von solchen Unwägbarkeiten ergeben sich aus der Schenkung gegen Nießbrauch auch positive Folgen für den oder die Schenker. Für die Einkommensteuer bleibt bei einem vollumfänglichen Nießbrauch der frühere Eigentümer und jetzige Nießbraucher „wirtschaftlicher Eigentümer". Er kann das Haus bewirtschaften. Ihm stehen weiterhin die Abschreibung sowie die Abzugsmöglichkeit von Ausgaben als Werbungskosten zu.

Absicherung des Nießbrauchs

Das Nießbrauchsrecht wird im Grundbuch gesichert. Eine Löschung dieses
Rechts erfolgt erst nach dem Tod und ist zuvor nur mit Zustimmung des Nießbrauchsberechtigten möglich. Dadurch hat der Nießbrauchsberechtigte eine
rechtlich sichere Stellung. Dabei ist darauf zu achten, dass keine anderen Grund-
pfandrechte im Rang vor dem Nießbrauch im Grundbuch eingetragen sind.

Üblicherweise enthalten Übertragungsverträge neben der Nießbrauchs-
berechtigung eine Reihe von „Rückfallklauseln" (vergleiche dazu das Kapitel 4). Diese Klauseln sollen verhindern, dass bei einer Insolvenz des beschenkten
Kindes oder aus anderen Gründen das Nießbrauchsrecht durch Zwangsversteigerung zum Erlöschen gebracht werden kann. Die rechtliche Stellung eines
Nießbrauchers ist daher nach Eintragung verhältnismäßig gut.

Die Übertragung einer Immobilie gegen Nießbrauch stellt die bekannteste
und häufigste Möglichkeit der vorweggenommenen Erbfolge an Immobilien
dar. Unberücksichtigt bleiben häufig die unzähligen Gestaltungsalternativen
sowie deren ausgeklügelte Kombination. Eine gute rechtliche Beratung muss
immer mehrere Möglichkeiten mit ihren jeweiligen Stärken und Schwächen
aufzeigen. Nur die Betroffenen werden letztlich entscheiden können, auf welche „Stärken" einer Lösung sie Wert legen und welche „Schwächen" einer
Gestaltung für sie unerheblich sind. Die Übertragung gegen Nießbrauch führt
zu einem Eigentumsübergang, der nur schwer rückgängig zu machen ist. Der
eigentliche Wert der Immobilie geht mit dem Eigentum auf den Beschenkten
über. Niemand weiß, wie sich die Zukunft entwickeln wird. Eine solche Übertragung bietet keine Möglichkeiten, in der Zukunft flexibel andere Entscheidungen zu treffen. Das Nießbrauchsrecht belässt dem Schenker lediglich die

„Erträge". Es weiß jedoch niemand, ob künftig überhaupt Erträge mit der Immobilie zu erwirtschaften sein werden. Gerät der Schenker selbst in Not, so kann er auf den eigentlichen Wert der Immobilie nicht mehr zurückgreifen und nicht mehr mit dem Verkauf dringend von ihm selbst benötigte Geldmittel beschaffen.

Schenkung gegen Wohnrecht

Das Wohnungsrecht oder auch „Wohnrecht" stellt im Kern ein abgeschwächtes, auf das Wohnen eingeschränktes Nießbrauchsrecht dar. Anders als der Nießbrauchsberechtigte ist der Wohnungsberechtigte lediglich zur Nutzung, nicht jedoch zur Vermietung und Bewirtschaftung einer Immobilie berechtigt. Ein Wohnungsrecht wird daher in der Regel nur an einer Immobilie bestellt, die vom Schenker selbst genutzt wird. Für die steuerlichen Folgen gilt im Wesentlichen das Gleiche wie für den Nießbrauch.

Mitbenutzungsrecht für Angehörige regeln

Das Wohnungsrecht unterscheidet sich vom Nießbrauchsrecht hinsichtlich der Tatsache, dass es lediglich persönlich ausgeübt werden kann. Dies führt dazu, dass bei Einräumung eines Wohnungsrechts darauf zu achten ist, dass ein Mitbenutzungsrecht für Dritte, wie beispielsweise Lebensgefährten, Pflegepersonal, Angehörige oder Ähnliches, geregelt wird. Die Rechtsprechung hat eine solche Mitbenutzung vielfach für zulässig gehalten, doch eindeutige Regelungen führen im Streitfall und vor allem bei Grenzfällen zu einer unangreifbaren Position des Wohnrechtsinhabers.

Nachteile des Wohnrechts

Eltern, die mit einer Schenkung wirtschaftliche Sicherheit erzielen wollen, ist mit einer Übertragung gegen ein Wohnrecht in vielen Fällen nicht geholfen. Nur selten sind die Eltern auf die Erträge aus einer Immobilie nicht angewiesen. Ein Wohnrecht an der von ihnen selbst bewohnten Wohnung ist für sie wenig hilfreich, wenn sie neben der Rente zusätzliche Einnahmen benötigen. Es ist allerdings möglich, Nießbrauch und Wohnrecht getrennt voneinander zu vereinbaren. So besteht die Möglichkeit, ein Wohnungsrecht an einer selbst bewohnten Wohnung und an den übrigen Wohnungen ein Nießbrauchsrecht zu bestellen.

Übrigens hilft es auch einem beschenkten Kind oft nicht wirklich, wenn es über Jahrzehnte zwar eine Immobilie sein Eigen nennt, aber aufgrund des Wohnrechts letztlich keinen Nutzen daraus ziehen kann. Lediglich bei einem starken Wertzuwachs der Immobilie (wie er derzeit nur in wenigen Ballungsräumen zu erzielen ist) zahlt sich die frühzeitige Übertragung aufgrund der Vermeidung von Erbschaftsteuern auch für die Kinder aus.

Wahlrecht zwischen Wohnrecht und Leibrente

Bei der Schenkung einer Immobilie und Einräumung eines Wohnrechts ist heute eine häufig übersehene Fallkonstellation zu berücksichtigen. Wenn die Person, die wohnungsberechtigt ist, im hohen Alter stark pflegebedürftig wird und nicht mehr in der Wohnung leben kann – etwa weil sie nicht mehr Treppen steigen kann oder aufgrund von Demenz in ein Heim umziehen muss –, verfügt sie zwar über das Wohnrecht, kann aber keinen Nutzen daraus ziehen. Der Vorteil, den das Wohnrecht hatte, existiert nicht mehr, andererseits besteht keine Möglichkeit, durch Vermietung einen Beitrag zum Lebensunterhalt und zu den astronomischen Pflegekosten zu erwirtschaften. Für diese Fälle muss dem Berechtigten gegebenenfalls vertraglich ein Wahlrecht zwischen Wohnrecht und Leibrente zugestanden werden.

Wohnungsrecht und Sozialleistungen

Da ein Wohnungsrecht nicht übertragbar ist, kann auch der Nutzen, den der Wohnungsberechtigte zieht, nicht gepfändet werden. Dies führt dazu, dass eine Person ihr Wohnungsrecht auch dann noch ausüben kann, wenn sie –

zum Beispiel im Pflegefall – Sozialleistungen bezieht. Hat ein Elternteil selbst kein ausreichendes Vermögen und müssen für seine Pflege und für seinen Unterhalt Sozialleistungen bezogen werden, so spielt es keine Rolle, ob zu seinen Gunsten ein Wohnungsrecht an einem großen selbst genutzten Haus besteht, das von ihm bewohnt wird. Dieses Wohnungsrecht kann er nicht als Vermögen für seinen Lebensunterhalt einsetzen. Er kann daher auch dann, wenn er Sozialleistungen bezieht, noch im eigenen Haus verbleiben und muss sich nicht darauf verweisen lassen, in eine kleine, dem Sozialrecht entsprechende Wohnung umzuziehen.

Wenn die Sorge besteht, dass die Eltern im Alter auf Sozialleistungen angewiesen sein könnten, so ist zu überlegen, ob nicht von einer Übertragung insgesamt abgesehen werden sollte. Es ist aus Sicht der Eltern nicht empfehlenswert, ihr Vermögen zu Lebzeiten an die Kinder zu übertragen, wenn damit zu rechnen ist, dass die Eltern nach der Übertragung selbst in Not geraten. In einem solchen Fall stehen die Eltern besser da, wenn sie im Notfall die Immobilie veräußern können und ihren Lebensabend auf einem Niveau oberhalb des Sozialhilfestandards verbringen können.

· ·

EXPERTENTIPP

Die Übertragung einer Immobilie gegen ein Wohnrecht kann unter besonderen Umständen im Interesse älterer Menschen liegen. Wenn die selbst bewohnte Eigentumswohnung hoch belastet ist und der wesentliche Wunsch der Eltern dahin geht, möglichst lange diese Wohnung bewohnen zu können, kann eine Übertragung gegen Wohnungsrecht sinnvoll sein. Die Kinder übernehmen dann die Tilgung des Darlehens und gewinnen im Gegenzug das Eigentum an der Wohnung. Die Eltern erhalten ein Wohnungsrecht und stellen damit sicher, auch im Alter unabhängig von ihrer künftigen Einkommenssituation in der „eigenen" Wohnung leben zu können.

· ·

Kapitel 6: Vermögensübertragung und Gegenleistung

Übergabe der Landwirtschaft

Eine Sonderstellung bei der Übertragung von Vermögen stellt die Weitergabe von landwirtschaftlichem Vermögen an die nächste Generation dar. Die Sonderstellung geht darauf zurück, dass im Bereich der Landwirtschaft das Unternehmen und die Immobilien eine Einheit bilden. Außerdem spielen historische Einflüsse eine Rolle. Gesetzliche Regelungen verhindern bis heute eine Zersplitterung landwirtschaftlicher Betriebe, die letztlich dazu führen würde, dass viele kleine Teilbetriebe nicht mehr wirtschaftlich arbeiten könnten.

Sowohl im Steuerrecht, als auch im Erbrecht existieren einige Sonderregelungen, die eine Übertragung vereinfachen. Das sogenannte „Anerbenrecht" als landwirtschaftliches Sondererbrecht schränkt das Erbrecht in zweierlei Hinsicht ein. Zum einen wird ein landwirtschaftlicher Hof nur an einen Erben, den Hoferben, zugewiesen. Dies soll die Fortsetzung des Betriebs als Einheit ermöglichen, beschränkt wird zugleich aber auch die Testierfreiheit des Hofinhabers. Darüber hinaus werden die übrigen Erbberechtigten nicht nach dem Verkehrswert des Hofes, sondern nach einem gesondert zu berechnenden „Ertragswert" abgefunden. Dieser Ertragswert liegt in der Regel wesentlich unter dem Verkehrswert. Diese Sonderregelungen verhindern eine zu hohe Belastung des Hoferben.

Anerbenrecht - regionale Besonderheiten

Das Anerbenrecht ist bundesweit nicht einheitlich geregelt. In der Höfeordnung ist diese Sonderregelung lediglich für die ehemalige britische Besatzungszone (Nordrhein-Westfalen, Niedersachsen, Schleswig-Holstein und Hamburg) festgelegt. Nach der Höfeordnung fällt der Hof nicht der Erbengemeinschaft, sondern unmittelbar dem Hoferben zu. Den Erben und den Pflichtteilsberechtigten steht lediglich ein Abfindungsanspruch in Geld zu.

In den Ländern Rheinland-Pfalz, Berlin und Hessen wurden jeweils eigene Anerbengesetze geschaffen. In Baden-Württemberg herrscht Rechtszersplitterung. In Teilen des ehemaligen Landes Baden gilt das badische Hofgütergesetz.

In Nordwürttemberg und Nordbaden sowie in Südwürttemberg gilt das württembergische Gesetz über das Anerbenrecht.

Mit Ausnahme von Baden und Hessen haben sich die Länder nach dem Vorbild der Höfeordnung für eine Sondererbfolge in den Hof entschieden. Baden und Hessen hingegen regeln lediglich eine Zuweisung des Hofes an den Anerben bei der Auseinandersetzung der Erbengemeinschaft. Die Länder Bayern, Berlin und das Saarland sowie die neuen Bundesländer haben keine Anerbengesetze. Für sie gilt das Landgüterrecht des BGB, welches sich aber auf eine Festschreibung des Ertragswertprinzips beschränkt. Es wird daher lediglich die Bewertung eines Landgutes im Rahmen der Erbauseinandersetzung geregelt.

Ausgleichsansprüche der Erbberechtigten

Im zweiten Schritt ist zu prüfen, ob und in welcher Höhe den übrigen Erbberechtigten bei einer Übertragung Ausgleichsansprüche zustehen. Je nach anwendbarem Recht ergeben sich erhebliche Unterschiede. Gilt beispielsweise die Höfeordnung, so hat der Übergabevertrag eine Doppelwirkung. Einerseits handelt es sich um einen Übergabevertrag bezüglich der Grundstücke und des Betriebs, zum anderen handelt es sich auch um eine Übertragung, welche zugunsten der anderen Abkömmlinge als Erbfall gilt. Es entstehen mithin die nach der Höfeordnung geregelten Ausgleichsansprüche. Je nachdem, welches Anerbenrecht zur Anwendung kommt, erhalten die nicht berücksichtigten Erben Abfindungsansprüche oder Pflichtteils- und Pflichtteilsergänzungsansprüche. Nach den Regelungen der Höfeordnung sind solche Ausgleichszahlungen bei Übergabe des Hofes an einen Abkömmling bereits mit Übergabe fällig. Bei Übergabe an einen Dritten hingegen sind die Ansprüche erst mit dem Tod des Hofübergebers fällig.

Der Übergeber des Hofes hat ein Interesse an der Fortführung des Hofes. Dieses Interesse resultiert zum einen daraus, dass die an ihn zu erbringenden Leistungen aus dem Ertrag des Hofes generiert werden müssen, zum anderen daraus, dass die Übergabe des Hofes gerade den Zweck der Fortführung des Betriebs hat. Er kann daher mit dem Übernehmer ein Verfügungsverbot vereinbaren. Übergabeverträge von landwirtschaftlichen Betrieben unterliegen darüber hinaus der Genehmigungspflicht. Ein Vertrag zur Übergabe eines Hofes ist durch das Amtsgericht als „Landwirtschaftsgericht" zu genehmigen, bevor er wirksam wird.

Wohn- und Aufenthaltsrecht des Übergebers

Üblicherweise beinhaltet ein Übergabevertrag regelmäßig ein Wohnungsrecht des Übergebers sowie ein freies Aufenthaltsrecht auf dem gesamten Anwesen. Die Verpflichtung, für die Instandsetzung und Instandhaltung der Wohnräume zu sorgen, ist frei verhandelbar. Diese Pflicht ist regelmäßig in Abstimmung mit weiteren Versorgungs- und Unterhaltsleistungen auszuhandeln. In der Landwirtschaft üblich ist auch ein Recht auf Verköstigung am Familientisch oder nach Wahl in den Wohnräumen des Übergebers. Hinzu kommen eventuell Pflegeverpflichtungen im Alter sowie die Übernahme von Krankheitskosten, soweit diese nicht von der Krankenversicherung übernommen werden. Historisch bedingt finden sich in Übergabeverträgen für landwirtschaftliche Betriebe Klauseln, die die Übernahme von Beerdigungs- und Grabpflegekosten beinhalten.

Häufig wird dem Übergeber auf Lebzeiten eine Benutzung von Kraftfahrzeugen oder anderen Geräten der Landwirtschaft eingeräumt. Da eine große Zahl kleinerer landwirtschaftlicher Betriebe heute nicht mehr rentabel zu betreiben ist, dürfen die Klauseln den Übernehmer nicht überfordern. Die Insolvenz des Übernehmers treibt auch den oder die Übergeber in die Armut.

Aus dem Blickwinkel der Übergeber ist es jedoch wichtig, dass der Nachfolger etwaige Schulden, die auf dem Hof lasten, übernimmt. Solche Hofschulden sind häufig durch Hypotheken, Grundschulden oder Dienstbarkeiten gesichert, außerdem wird der Übergeber in der Regel den ausgehandelten Unterhaltsbetrag für seinen Lebensunterhalt verbrauchen und daher nicht in der Lage sein, Zinsen zu zahlen und Schulden zu tilgen.

Der Landwirt Hans B. (66) und seine Frau Annemarie (65) haben die drei Kinder Almut (36), Johanna (31) und Kilian (29). Die Familie bewirtschaftet einen großen Hof mit 100 Hektar Grund. Almut ist Grundschullehrerin, Johanna Tierärztin. Beide haben an der Übernahme des Hofes kein Interesse. Kilian hat Landwirtschaft studiert. Seine Eltern Hans und Annemarie B. wollen sich von der schweren körperlichen Arbeit zurückziehen. Kilian ist bereit, den Hof zu übernehmen. Der Vater will, dass der Hof von seinem Sohn fortgeführt werden kann. Darüber hinaus wollen die Eltern weiterhin auf dem Hof leben und einen Teil der landwirtschaftlichen Einkünfte für ihren Lebensunterhalt nutzen. Eine einfache Übertragung des Hofes auf den Sohn würde ihnen die laufenden Einnahmen komplett entziehen. Auf der anderen Seite braucht Kilian, der in eine Biogasanlage investieren will, langfristige Sicherheit. In vielen Gesprächen klären Hans und Kilian B. Ideen zur Hofübergabe und zur künftigen Ausrichtung des Betriebs (Bio- oder Massenproduktion, nachwachsende Energien). Am Ende lassen sich die beiden passionierten Landwirte von einem Fachanwalt für Erbrecht beraten. Auf diese Weise kommt ein Vertrag zustande, der die Interessen aller Beteiligten, auch der beiden Schwestern Kilians, berücksichtigt, die Eltern finanziell absichert und Kilian Investitionen in die Zukunft des Hofes ermöglicht. Die Eltern erhalten das Wohnrecht, aber nur eine geringe Zusatzrente, die Schwestern verzichten auf Wunsch der Eltern zugunsten des Bruders auf jegliche Ausgleichszahlungen. Kilian erhält mit der Übertragung des Hofes die Möglichkeit, die Kosten einer Biogasanlage zu stemmen und die Wirtschaftlichkeit des Betriebs langfristig zu verbessern.

Land- oder forstwirtschaftliches Vermögen darf bei einer Übertragung oder im Erbfall nicht die „Hofqualität" verlieren. Zur Sicherung des Übergebers oder des überlebenden Ehegatten kommt es auch darauf an, sinnvolle erbrechtliche oder vertragsmäßige Regelungen zu finden. Es geht hier nicht nur um die Fortführung des Hofes, sondern auch die Beachtung sich verändernder wirtschaftlicher Verhältnisse (Hat der Hof mittel- bis langfristig überhaupt eine Überlebenschance?). Zur Gestaltung eines Übergabevertrags stehen vielfältige Sonderregelungen zur Verfügung.

Schenkung gegen Pflege

Vor allem Eltern oder Elternteile, die zu einem ihrer Kinder ein besseres Verhältnis als zu ihren anderen Kindern haben, neigen dazu, eine Immobilie und andere Wertgegenstände zu verschenken und diese Vermögensübertragung mit heute oder künftig zu erbringenden Pflegeleistungen zu verknüpfen. Bei dieser Variante der Vermögensübertragung kommt es ganz entscheidend auf die Absicherung des Schenkers an.

Pflegepflichten präzise regeln

Vor der detaillierten Vertragsgestaltung – mit Unterstützung eines Fachanwalts – macht es Sinn zu überlegen, welche Bereiche der Pflege überhaupt ein Kind oder ein anderer Verwandter übernehmen kann und soll. Es lohnt sich in diesem Zusammenhang, folgende Aufgabengebiete zu unterscheiden:

→ Übernahme organisatorischer Aufgaben (Korrespondenz mit Krankenkasse, Pflegeversicherung, Kliniken und REHA-Zentren, Vermieter, Banken, Ämtern und Behörden, professionellen Pflegediensten, Agenturen, die Pflegekräfte vermitteln, Vertragsgestaltung, Beauftragung und Überwachung von Leistungen Dritter)

→ Übernahme einer Betreuung (sofern vom Betreuungsgericht angeordnet), Information des Gerichts, korrekte Abrechnungen

→ Besuche, Gespräche, Nachmittagskaffee, Spaziergänge, gemeinsame Aktivitäten im Wohnumfeld (vor allem für verwitwete und einsame Menschen von großer Bedeutung)

→ Haushaltsdienstleistungen (Einkaufen, Kochen, Waschen, Putzen, Instandhalten, Beschaffen, Reparieren)

→ Einfache Pflegeleistungen (beim Aufstehen und Ankleiden helfen, Haare frisieren, Fingernägel schneiden, Medikamententabletts vorbereiten, Zubereitung von Mahlzeiten, ins Bett bringen)

→ Intensive Pflege (Baden und Duschen, Körperpflege im Intimbereich, Versorgung bei körperlichen Gebrechen oder Demenz, Verabreichung von Getränken und Nahrung, Hilfe beim Aufstehen und Gehen, Nachtdienste)

Es muss sichergestellt sein, dass die Pflege im Haus des pflegebedürftigen Schenkers erfolgt. Hierzu ist zugunsten des Schenkers trotz Übertragung der Immobilie ein Wohnrecht im Grundbuch einzutragen.

Leistungsfähigkeit des Beschenkten

Klare Regelungen liegen auch im Interesse der beschenkten Person, die sich einer Pflegeverpflichtung unterwirft. Meist sind Angehörige selbst bei Arbeitsteilung zwischen mehreren Personen kaum in der Lage, sämtliche notwendigen Arbeiten bei lang anhaltender und intensiver Pflege zu erfüllen. Schon die Übernahme der organisatorischen Aufgaben allein kann eine zeitaufwändige und schwierige Angelegenheit sein. Einer pflegebedürftigen Person ist meist am besten geholfen, wenn ein Kind alle anfallenden organisatorischen Aufgaben gewissenhaft und zuverlässig erledigt und sich nicht mit der Fülle der pflegerischen Tätigkeiten übernimmt. Lediglich der zweite Aufgabenbereich – Besuch, Gespräch, Spaziergang – lässt sich zum Teil mit den organisatorischen Aufgaben sinnvoll verknüpfen, da ja an allen Entscheidungen die pflegebedürftige Person zu beteiligen ist.

Die zu pflegende Person muss die Möglichkeit haben, im Notfall statt der persönlich zu erbringenden Pflegeleistungen auch die Leistung durch eine dritte Person auf Kosten des Verpflichteten in Anspruch zu nehmen. Andernfalls könnte die zur Pflege verpflichtete Person sich durch eine bewusste Verschlechterung des Verhältnisses ihrer Verpflichtung entziehen.

Weiter ist die Möglichkeit, Pflegeleistungen zu erbringen, abhängig von den individuellen Fähigkeiten der beschenkten Person. Nicht jeder ist in der

Lage, einwandfreie Pflegeleistungen zu erbringen. Häufig sind einzelne Pflegeleistungen vom Berechtigten nicht gewünscht oder bevorzugt durch fremde Dritte – professionelle Pflegekräfte – zu erbringen. Dies gilt beispielsweise für die intime Körperpflege. Darüber hinaus gibt es viele Leistungen, die sich schwer in vertraglicher Form fixieren lassen und auch nicht im engeren Sinne zu den Pflegeleistungen zählen. Hierzu gehören insbesondere Haushaltsdienstleistungen, persönliche Besuche, die Zeit für Gespräche, gemeinsame Reisen und Spaziergänge sowie die Verfügbarkeit bei persönlichen Sorgen und plötzlich auftretenden Ängsten.

EXPERTENTIPP

Wichtig zu regeln ist, wer die Pflegeleistungen zu erbringen hat, wenn die beschenkte Person krank ist, sich im Urlaub befindet oder aufgrund einer anderen Situation die Leistungen nicht persönlich erbringen kann. Hierbei ist auch festzulegen, wer die Kosten der Ersatzkraft zu tragen hat. Man sollte einen ungefähren Zeitaufwand pro Tag definieren. Hierbei sollten die Vertragspartner je nach Pflegebedürftigkeit unterschiedliche Regelungen treffen. Eine Orientierung an den Pflegestufen ist in diesem Zusammenhang möglich.

Anspruch auf Pflegegeld

Sofern eine Person pflegebedürftig wird und ihr eine Pflegestufe zuerkannt wird, erhält sie Pflegegeld von der Pflegeversicherung. Zwischen der schenkenden und der beschenkten Person muss eine Vereinbarung getroffen werden, an wen das Pflegegeld ausgezahlt wird.

Notwendigkeit einer Heimunterbringung

Letztlich muss auch geklärt werden, in welcher Situation eine Unterbringung im Pflegeheim – trotz der geschlossenen Pflegevereinbarung – möglich ist.

Dies kann zur besseren Versorgung insbesondere bei fortgeschrittener Demenz notwendig sein. Um einer nicht gewollten vorzeitigen „Abschiebung" eines hilflosen Patienten ins Heim vorzubeugen, kann man festlegen, welche Vertrauensperson (zum Beispiel ein bestimmter Arzt) eine so weit reichende Entscheidung treffen soll.

Störungen des Pflegeverhältnisses

Das Verhältnis zwischen der schenkenden und der beschenkten Person kann sich im Laufe der Zeit erheblich verschlechtern. Gerade bei Demenz kommt es vor, dass der verwirrte und kaum zu klaren Gedanken fähige Patient zu erkennen gibt, er wolle nun von der zur Pflege verpflichteten Person nicht mehr gepflegt werden.

Schließlich muss eine Schenkung gegen Pflegeleistung auch eine Regelung für den Fall einer dauerhaften Verhinderung des Beschenkten – etwa wegen Arbeitsaufnahme an einem anderen Ort oder eigener Erkrankung – enthalten. In diesen Fällen stellt sich regelmäßig die Frage, ob der gesamte Vertrag rückabzuwickeln ist oder ob statt der Pflegeleistungen andere Leistungen zu erbringen sind. Die Beteiligten eines solchen Vertrags können hierbei im Wesentlichen zwischen drei Varianten wählen:

→ **Erstens:** Man kann vereinbaren, dass für den Fall, dass die Pflegeverpflichtung nicht mehr erbracht werden kann, der Vertrag rückabzuwickeln ist, mithin die Immobilie an den Schenker zurück zu übertragen ist. Für die bis zu diesem Zeitpunkt erbrachten Leistungen muss dann ein Ausgleich erfolgen. Diese Lösung wird in den wenigsten Fällen dem Willen der Beteiligten entsprechen.

→ **Zweitens:** Für den Fall, dass die Leistungen nicht mehr erbracht werden können oder sich das Verhältnis zwischen den Beteiligten deutlich und auf Dauer verschlechtert, kann folgende Regelung vereinbart werden: Statt Pflegeleistungen zu erbringen, muss die beschenkte Person eine monatlich zu überweisende Leibrente zahlen. Diese Regelung ist eine einfach zu praktizierende und für den Schenker günstig. Sie setzt allerdings voraus, dass die beschenkte Person finanziell in der Lage ist, statt der Pflegeleistungen eine Rentenzahlung zu erbringen. Wenn der Schenker sein Haus in jedem Fall behalten und dort weiterhin wohnen möchte, muss zusätzlich sichergestellt sein, dass die beschenkte Person nicht zur Erfüllung der Rentenverpflichtung das Haus verkauft.

→ **Drittens:** Eine weitere Lösung besteht darin, dass die beschenkte und zur Pflege verpflichtete Person die Leistungen persönlich oder alternativ durch Dritte – zum Beispiel Pflegekräfte – erbringen kann. Sofern Dritte an der Pflege beteiligt werden, sollte die schenkende und in Zukunft möglicherweise pflegebedürftige Person sich die Entscheidung über die Pflegeperson vorbehalten.

Beispiel

Der Witwer Rolf W. wohnt im Alter von 78 Jahren alleine in seinem Haus in der Nähe von Bremen. Er verfügt über hohes Geldvermögen und eine gute Rente. Rolf W. hat die Söhne Uwe (51) und Björn (48) sowie die Tochter Tamara (39). Uwe arbeitet und lebt in den USA, den Vater besucht er nur alle drei bis fünf Jahre. Zu Björn, der in München seine Karriere als leitender Banker vorantreibt, besteht ebenfalls wenig Kontakt. Nur Tamara wohnt in der Nähe und besucht den Vater regelmäßig. Rolf W. möchte auf keinen Fall in ein Altersheim umziehen oder in ein Pflegeheim gebracht werden. Er ist der Meinung, dass seine finanziellen Verhältnisse es ermöglichen, dass er bis zum Lebensende zu Hause bleibt, gegebenenfalls unter Zuhilfenahme professioneller Pflegekräfte. Die Tochter des Witwers unterstützt ihn und ist bereit, sich auch in Zukunft um ihren Vater zu kümmern. Nach vielen Gesprächen über dies und jenes, Wenn und Aber, Möglichkeiten und Unmögliches lassen sich Vater und Tochter von einem Fachanwalt beraten. Nach mehreren Terminen steht ein ausgeklügelter Vertrag, der für viele Eventualitäten eindeutige Regelungen enthält. Tamara erhält das Haus als Schenkung und die Verpflichtung, für den Vater in Absprache mit ihm eine hervorragende Pflege in seinem Haus zu organisieren, an dem er sich ein lebenslanges Wohnrecht vorbehält. Tamara soll aus dem Vermögen des Vaters je nach Bedarf Haushalts- und Pflegedienstleistungen finanzieren und erhält hierzu Kontovollmacht. Ihr Bruder, der Banker Björn, bekommt die Aufgabe, für den Fall, dass der Vater die Geschäftsfähigkeit verlieren sollte, die Aktivitäten von Tamara, die Transaktionen auf den Konten und die damit finanzierten Leistungen zu kontrollieren. Er kann Tamara unter klar definierten Voraussetzungen (unwirtschaftliches Verhalten, Veruntreuung des Vermögens) die Kontovollmacht entziehen und einer anderen Person übertragen. Für den Fall, dass irgendwann doch eine Heimeinweisung notwendig erscheint, wird der mit Rolf W. entfernt verwandte Arzt Karsten T. beauftragt, alle Alternativen abzuwägen und im Interesse des Patienten eine Entscheidung zu treffen. In einem Testament legt Rolf W. fest, dass die drei Kinder das am Ende verbleibende Vermögen zu gleichen Teilen erben sollen.

• •

Die Übertragung einer Immobilie gegen Pflegeverpflichtung ist wesentlich schwieriger und mit mehr Problemen behaftet, als dies von den Beteiligten zunächst wahrgenommen wird. Sowohl schenkende als auch beschenkte Personen sollten sich vor Abschluss eines Vertrags durch einen erfahrenen Experten beraten lassen. Die Übernahme einer Pflegeverpflichtung und die Übertragung einer Immobilie gegen Pflegeleistungen stellt ein erhebliches Risiko für die Vertragsbeteiligten dar. Niemand kann im Voraus wissen, welche Pflegeleistungen notwendig werden und wie sich das persönliche Verhältnis entwickeln wird. Pauschale Lösungen führen in der Praxis häufig zu einer starken Benachteiligung einer der Vertragsparteien.

Verkauf als Alternative zur Schenkung

Die Übertragung einer Immobilie innerhalb der Familie per Kaufvertrag ist in ganz bestimmten Fällen die wesentlich bessere Alternative zur Vererbung und auch zur Schenkung (mit oder ohne Gegenleistung). Ein „Freundschaftspreis" macht die Immobilie für die nachfolgende Generation zum „Geschenk", für die verkaufende Generation jedoch zum Verlustgeschäft. Außerordentlich günstig für beide Seiten kann die Kombination eines Kaufvertrags mit einem Darlehensvertrag sein: Das Kind nimmt nicht bei einer Bank Schulden auf, sondern lässt sich das Darlehen unmittelbar von seinen Eltern gewähren. Mit diesem Darlehen kauft es den Eltern das Haus ab. Sofern aus der Immobilie Mieterträge zu erzielen sind, kann das Kind aus diesen Einnahmen die Zinszahlungen an die Eltern begleichen. Die Eltern haben aufgrund des Darlehens Zinseinkünfte, von denen sie ihren Lebensunterhalt oder zumindest einen Teil davon bestreiten können. Sie müssen sich jedoch nicht mehr mit der Verwaltung und Vermietung des Hauses herumschlagen. Folgende Vorteile lassen sich über diese Lösung kombinieren:

Vorteil Nr.1: Zinseinkünfte

Die Eltern erzielen nach dem Verkauf aus dem Haus keine Einkünfte aus Vermietung und Verpachtung mehr, sondern ausschließlich Zinseinkünfte. Je nachdem, welche übrigen Einkünfte die Eltern noch haben, wirkt sich dies steuermindernd aus. Die Steuer für Zinseinkünfte ist seit Einführung der Abgeltungssteuer auf 25 Prozent beschränkt. Liegt der persönliche Steuersatz im Rahmen der Einkommenssteuer höher, sparen die Eltern bereits an dieser Stelle Steuern.

Vorteil Nr. 2: Abschreibung

Nach dem Verkauf kann das Kind, das die Immobilie übernommen hat, nicht nur die restliche Abschreibung fortführen, sondern stattdessen künftig aus dem tatsächlichen Verkehrswert die Abschreibung geltend machen. Durch einen Verkauf kann die Abschreibung „hochgesetzt" werden. Wenn das Kind selbst hohe Einkünfte hat, wirkt sich die hohe Abschreibung der Immobilie steuermindernd aus. Darüber hinaus kann das Kind die aufgewendeten und an die Eltern gezahlten Zinsen steuerlich als Werbungskosten geltend machen.

Vorteil Nr. 3: Absicherung

Die Eltern legen im Wesentlichen Wert darauf, über ihre Geldanlagen wirtschaftlich abgesichert zu sein. Sie verlieren durch den Verkauf der Immobilie ihr Eigentum und erwerben stattdessen einen Darlehensanspruch. Genauso wie für Banken kann auch zugunsten der Eltern, die einem Kind ein Darlehen gewähren, eine Grundschuld eingetragen werden. Durch Eintragung dieser Grundschuld sind die Eltern auch für Fälle der Insolvenz des Kindes im Grundbuch mit ihrer Forderung gesichert. Schlimmstenfalls verliert das Kind das Eigentum am Haus. Die Eltern können jedoch bei einer finanziellen Katastrophe ihres Kindes den vollen Kaufpreis aus der Verwertung der Immobilie erhalten.

Sofern das übernehmende Kind Geld in die Immobilie investieren und hierzu weitere Darlehen aufnehmen möchte, wird eine finanzierende Bank regelmäßig die Eintragung einer erstrangigen Grundschuld verlangen. Für diese Fälle können die Eltern den sogenannten Rangrücktritt erklären, so dass die Sicherung der Eltern auch eine künftige Sanierung, Renovierung und Aufwertung der Immobilie nicht behindert. Durch die Wertsteigerung der Immobilie bleiben die Eltern weiterhin ausreichend abgesichert.

Vorteil Nr. 4: Keine Gefahr durch Pflichtteilsansprüche

Den Eltern steht aufgrund des Verkaufs ein Darlehensanspruch gegenüber dem Kind zu. Dieser Darlehensanspruch wäre bei der Berechnung eines etwaigen Pflichtteils zu berücksichtigen. Ein anderes Kind, das die Immobilie nicht kauft, könnte also gegenüber dem länger lebenden Elternteil nach dem Tod des zuerst versterbenden Elternteils Pflichtteilsforderungen stellen – Forderungen, die der Witwe oder dem Witwer regelmäßig enorme Probleme verursachen (wenn nicht genügend flüssige Mittel vorhanden sind). Bei der hier vorgestellten Lösung treten solche unerwarteten finanziellen Engpässe nicht auf. Denn der überlebende Ehegatte kann zur Begleichung des Pflichtteilsanspruchs einen Teil des Darlehens gegenüber dem Sohn fällig stellen. Der Sohn zahlt dann einen Teil des Darlehens an den überlebenden Ehegatten zurück, der sofort über die notwendigen finanziellen Mittel verfügt, um den Pflichtteilsanspruch zu befriedigen. Für den länger lebenden Ehegatten ist damit eine ausreichende Liquidität auch für den Fall sichergestellt, dass ein anderes Kind oder mehrere andere Kinder auf die Idee kommen, ihren Pflichtteil zu fordern.

Darüber hinaus können die Eltern die Möglichkeit nutzen, Vermögen an ihre Kinder dadurch zu übertragen, dass Teilbeträge des Darlehens an die Kinder abgetreten und gegenüber dem Sohn erlassen werden. Wenn solche Beträge im Rahmen der geltenden Erbschaftsteuer-Freibeträge liegen (400.000 Euro bei Kindern), kommt es nicht zu Forderungen des Finanzamts.

Vorteil Nr. 5: Flexibilität

Durch den Verkauf des Hauses wandeln die Eltern einen Teil ihres Vermögens, der aus einer Immobilie bestand, in eine Geldforderung (Darlehensforderung) um. Mit dieser Darlehensforderung können die Eltern wesentlich flexibler ihre Zukunft gestalten und auf Änderungen in ihrer Lebenssituation reagieren (zum Beispiel bei steigender Pflegebedürftigkeit und dem damit wachsenden Finanzbedarf für Pflegekräfte oder Heimkosten). Stellen die Eltern fest, dass sie Einkünfte nur in geringerem Maße benötigen oder einen Teil ihrer Bargeldreserven nicht mehr benötigen, können sie ihr Geld problemlos an Kinder und Enkel übertragen und verteilen. Dies bedarf weder einer notariellen Beurkundung noch einer aufwändigen Gestaltung. Lediglich die Steuerfreibeträge sind zu berücksichtigen.

Vorteil Nr. 6: Zinsen

Sofern die Eltern ihr Haus an einen fremden Dritten verkaufen, müssen sie anschließend eine Geldanlage finden, bei der sie nicht nur eine möglichst hohe Verzinsung erzielen, sondern bei der auch der Erlös aus dem Verkauf verlustsicher angelegt ist. Dabei gilt die Faustregel: „Je höher die Sicherheit, desto niedriger die Erträge." Durch die Sicherung des Darlehens im Grundbuch erreichen die Eltern eine hohe Absicherung ihrer Darlehensforderung. Hinsichtlich der Zinsen sollten Eltern und Kind einen Zinssatz wählen, der unterhalb eines Finanzierungszinssatzes bei einer Bank, jedoch über einem Zinssatz für Spareinlagen liegt. So teilen sich die Eltern und ihr Kind letztlich den Ertrag, den die Bank bei einer Finanzierung und bei einer Geldanlage verdienen würde. Aus dem Verkauf bei gleichzeitiger Darlehensgewährung profitieren damit sowohl die Eltern als auch das Kind, weil beide Seiten im Vergleich zu einer Finanzierung über einen Finanzdienstleister bessere Konditionen bekommen.

Bei der Gestaltung sind die Eltern und das Kind sehr frei bezüglich der Höhe des Kaufpreises, der Höhe der Zinsen und der Gestaltung im Einzelfall. Die Zinsen dürfen lediglich nicht allzu sehr unter den marktüblichen Zinsen liegen. Ansonsten besteht die Gefahr, dass das Finanzamt den zu niedrigen Zins als eigenständige Schenkung wertet. Die einzelnen Positionen müssen individuell aufeinander abgestimmt sein. Ein guter Berater kann hier eine individuelle und passende Lösung gestalten.

• •

Beispiel

Der Bauunternehmer Franz G. (74) und seine Frau Julia G. (73) sind im Ruhestand. Das Ehepaar verfügt über ein Mehrfamilienhaus mit zwölf Wohnungen, die allesamt vermietet sind und monatlich nach Abzug diverser Kosten etwa 5.500 Euro an Ertrag abwerfen. Das Haus ist fast vollständig abgeschrieben, so dass den Einkünften steuerlich nur eine geringe Abschreibung entgegengesetzt werden kann. Die Einkommensteuer, die Franz und Julia G. an das Finanzamt zu überweisen haben, ist daher sehr hoch. Nun wollen sich die Eltern aus der Verwaltung der Immobilie zurückziehen und die Steuerlast verringern. Gleichzeitig sind sie aber auf die Erträge aus der Vermietung zum Bestreiten ihres Lebensunterhalts angewiesen. Um sicherzustellen, dass das wertvolle Mehrfamilienhaus in der Familie bleibt, übertragen die Eltern die Immobilie ihrem Sohn Arthur. Sie erzielen damit einen Mix an Vorteilen: Sie müssen sich um die Verwaltung der Immobilie nicht mehr kümmern. Mit einem per Grundschuld abgesicherten Darlehen an den eigenen Sohn verfügen sie weiterhin über eine finanzielle Grundlage für ihren Lebensunterhalt. Für den letzten Lebensabschnitt (Pflegebedürftigkeit) mit erhöhtem Finanzbedarf ist mit angespartem Geld besser vorgesorgt als mit „Betongold" (finanzielle Mittel, die verbaut sind, und erst nach einem Verkauf wieder frei werden). Auch der Sohn Arthur profitiert aufgrund des Immobilienkaufs. Er kann nicht nur Mieteinnahmen erzielen, sondern auch mit Abschreibungen seine Steuerlast reduzieren.

• •

Der Verkauf einer Immobilie innerhalb der Familie ist eine viel zu selten genutzte Methode zur Vermögensübertragung zwischen den Generationen. Diese Gestaltung eignet sich insbesondere zur Übertragung von Immobilien, die seit Langem im Familienbesitz sind und hier bleiben sollen:

→ Durch die Übertragung wird den Eltern die Belastung der Verwaltung und Vermietung genommen, gleichzeitig behalten sie in Form von Zinseinnahmen Erträge aus der Immobilie.

→ Anders als beim Vorbehalt eines Nießbrauchs oder eines Wohnungsrechts beginnt die Zehn-Jahres-Frist zur Reduzierung des Pflichtteils (enterbter Kinder oder Eltern) bereits zu laufen.

→ Über eine individuell gestaltete Verkaufslösung ist es möglich, die Immobilie nicht im Wege des „ganz oder gar nicht" zu übertragen, sondern individuell einzelne beliebige Bestandteile (Wohnung, Gewerbeeinheit, Grundstück) sofort oder zu einem späteren Zeitpunkt zu übertragen.

→ Der Wert der Immobilie, der beim Verkauf erzielt wurde, verbleibt, soweit die Schulden nicht getilgt wurden, durch grundbuchrechtliche Absicherung bei den Eltern.

→ Im Notfall können die Eltern auf ihr Vermögen wieder zurückgreifen. Zugunsten des überlebenden Ehegatten wird damit auch eine ausreichende Liquidität zur Begleichung von Pflichtteilsansprüchen weiterer Kinder sichergestellt.

→ Das Kind, das die Immobilie erwirbt, hat die Möglichkeit, nach eigenen wirtschaftlichen Überlegungen mit der Immobilie zu verfahren und eigene Investitionen zu tätigen.

→ Gleichzeitig kann es nicht nur die Schuldzinsen, sondern auch eine Abschreibung geltend machen, die sich aus dem aktuellen Verkaufspreis berechnet. Aufseiten der Eltern sind die Steuern auf maximal 25 Prozent (zuzüglich Solidaritätszuschlag) gedeckelt, da es sich ausschließlich um Kapitalerträge handelt.

Kapitel 7

Ungleiche Behandlung von Angehörigen

Eltern sollten bei einer Schenkung an ein Kind stets beachten, dass hierdurch oft Unfrieden unter den benachteiligten Geschwistern gestiftet wird. Dieses Kapitel erklärt, welche Auswirkungen eine Zuwendung auf das Erb- und Pflichtteilsrecht anderer Kinder hat und welche vorbeugenden Anordnungen hierzu getroffen werden können.

Zuwendung als „Ausstattung" für den Nachwuchs

Jeder kann selbst entscheiden, ob er schon zu Lebzeiten oder erst nach dem Tod Grundstücke, Geldbeträge und bewegliche Gegenstände auf die Angehörigen übertragen will. Eltern, die einem Kind anlässlich der Heirat oder zur Sicherung seiner wirtschaftlichen Selbstständigkeit eine „Starthilfe" in Form von Geld oder einem Grundstück zuwenden, sollten sehr genau überlegen, ob sie bei der Gelegenheit auch den anderen Kindern eine derartige „Ausstattung" oder sonstige Ausgleichszahlung zukommen lassen. Die benachteiligten Geschwister werden nämlich nach dem Erbfall verlangen, dass diese Vorempfänge bei der Nachlassteilung unter den Miterben berücksichtigt werden. Dies birgt großes Streitpotenzial. Kinder sind zudem pflichtteilsberechtigt und können – unter gewissen Voraussetzungen – nach dem Erbfall von den Erben des Schenkers eine sogenannte Pflichtteilsergänzung aus dem Wert der Schenkung einfordern. Diese Pflichtteilshaftung kann für den späteren Erben eine tickende Zeitbombe sein und muss deshalb schon bei Vornahme der Zuwendung mit einkalkuliert werden.

Das Gesetz definiert als Ausstattung, was einem Kind mit Rücksicht auf seine Verheiratung oder auf die Erlangung einer selbstständigen Lebensstellung zur Begründung oder zur Erhaltung der Wirtschaft oder der Lebensstellung vom Vater oder der Mutter zugewendet wird. Dem Wesen nach handelt es sich also um eine materielle Starthilfe in die wirtschaftliche Selbstständigkeit.

Der Ausstattungsvertrag ist kein echter Schenkungsvertrag, auch wenn die Zuwendung unentgeltlich, also ohne Gegenleistung erfolgt. Es handelt sich um einen eigenen Vertragstypus. Dies hat folgende rechtliche Konsequenzen:

→ Ein als Ausstattung übertragener Gegenstand unterliegt nicht der Pflichtteilsergänzung, es sei denn, die Ausstattung wurde im „Übermaß" gewährt.

→ Obwohl die Ausstattung keine Schenkung im Sinne des Gesetzes ist, handelt es sich um eine freigebige unentgeltliche Zuwendung, die der Schenkungsteuer unterliegt. Steuern sind jedoch erst bei einem Wert über dem Steuerfreibetrag für Kinder von 400.000 Euro zu zahlen.

→ Über eine Ausstattung kann das Kind frei verfügen. Eltern können sich hier nicht den Nießbrauch vorbehalten oder ein Wohnungsrecht eintragen lassen. Auch die bei Schenkungen üblichen Rückforderungsrechte sind mit der Ausstattung nicht vereinbar. Deshalb kommen auch die gesetzlichen Rückforderungs- und Widerrufsrechte wegen groben Undanks oder Verarmung des Übergebers nicht zur Anwendung.

→ Die Ausstattung ist im Rahmen der Nachlassteilung unter Abkömmlingen immer ausgleichungspflichtig, wobei aber der Übergeber im Ausstattungsvertrag bestimmen kann, dass die Zuwendung entgegen der gesetzlichen Regeln nicht zu berücksichtigen ist.

Beispiel

Der Witwer Hans M. hat drei Kinder, Achim, Bernd und Claudia. Er verstirbt – ohne ein Testament errichtet zu haben – und hinterlässt ein Vermögen von 300.000 Euro. Fast zwanzig Jahre vor seinem Tod hat Hans M. seiner Tochter Claudia aus Anlass von deren Verheiratung einen Bauplatz zugewendet. Der Wert dieses Bauplatzes beträgt – unter Berücksichtigung der Inflation auf den Zeitpunkt des Erbfalls umgerechnet – 60.000 Euro. Sohn Bernd hat kurz vor dem Erbfall 30.000 Euro zur Gründung einer Schreinerei erhalten. Tochter Claudia und Sohn Bernd meinen nun, dass sie als gesetzliche Miterben ein Drittel aus dem Nachlass, also jeweils 100.000 Euro beanspruchen können. Bruder Achim, der zu Lebzeiten von seinem Vater nichts erhalten hat, erwidert, dass eine Drittelung des Nachlasses „nicht gerecht" wäre und bittet einen Erbrechtsexperten um Rat. Dieser stellt folgenden Teilungsplan auf:

Die Zuwendung an Claudia und Bernd stellen kraft Gesetz „Ausstattungen" dar, auch wenn dies vom Vater ausdrücklich so gar nicht festgehalten wurde. Deshalb muss deren Wert dem Nachlass hinzugerechnet werden. Dies ergibt eine Verteilungsmasse von 390.000 Euro (= 300.000 Euro plus 60.000 Euro plus 30.000 Euro). Jedem der drei Kinder steht davon „rein rechnerisch" ein Drittel, also 130.000 Euro zu. Davon muss nun der Wert der Ausstattung bei Claudia mit 60.000 Euro und bei Bernd mit 30.000 Euro abgezogen werden. Der tatsächliche Nachlass von 300.000 Euro wird wie folgt aufgeteilt: Achim erhält

130.000 Euro; Claudia bekommt 70.000 Euro und Bernd stehen 100.000 Euro zu. Der Gesetzgeber nennt diese Berechnung eine „Ausgleichung von Vorempfängen auf den Erbteil".

EXPERTENTIPP

Eltern, die Kindern schon zu Lebzeiten etwas zukommen lassen wollen, sollten – um spätere Erbstreitereien unter den Geschwistern zu vermeiden – genau regeln, dass diese Vorschenkungen nur einen „Vorschuss auf das spätere Erbteil darstellen". Dies kann mit folgenden Formulierungen vereinbart werden:

„Der Übergeber überträgt seiner Tochter mit Rücksicht auf deren Verheiratung den Bauplatz als Ausstattung. Die Tochter nimmt die Ausstattung an."

„Der Übergeber wendet seinem Sohn einen Betrag von 30.000 Euro zu. Dieser Betrag ist bei der Nachlassteilung unter Miterben auszugleichen. Der Sohn stimmt dieser Ausgleichspflicht zu."

Dazu noch ein wichtiger Hinweis: Eine „Ausgleichung auf den Erbteil" darf nicht verwechselt werden mit einer „Anrechnung auf den Pflichtteil".

Pflichtteilshaftung des Erben

Der Pflichtteil sichert den nahen Angehörigen des Verstorbenen eine finanzielle Mindestbeteiligung am Nachlass, wenn sie per Testament enterbt wurden. Pflichtteilsberechtigt sind ausschließlich

→ die Abkömmlinge des Erblassers (Kinder, Enkel, Urenkel, Ur-Urenkel),

→ die Eltern des Erblassers, sofern keine Abkömmlinge vorhanden sind,

→ der Ehegatte des Erblassers oder der Partner einer eingetragenen Lebenspartnerschaft.

Geschiedene Ehegatten, Partner ohne Trauschein und Geschwister des Erblassers haben kein Pflichtteilsrecht.

Der Pflichtteil entspricht der Hälfte des Wertes des gesetzlichen Erbteils und wird nur in Form von Geld beglichen. Zur Auszahlung des Pflichtteils sind die Erben verpflichtet. Sie müssen auch gegenüber den pflichtteilsberechtigten Personen Auskünfte über den Umfang des Nachlasses geben und damit eine den Tatsachen entsprechende Berechnungsgrundlage für den Pflichtteil bieten. Aus dem Wert des Nachlasses, der Familienkonstellation und der gesetzlichen Erbfolge lässt sich errechnen, wie viel in Euro die pflichtteilsberechtigten Personen als Erbe erhalten hätten, wenn sie nicht enterbt worden wären. Der Pflichtteil entspricht dann genau der Hälfte dieses Betrages. Der Pflichtteilsanspruch entsteht nicht schon mit der Errichtung einer letztwilligen Verfügung, sondern erst mit dem Tod des Erblassers.

Pflichtteilsergänzung bei Schenkungen

In vielen Fällen können enterbte Personen nicht nur einen Anspruch auf den Pflichtteil erheben, sondern auch eine „Pflichtteilsergänzung" einfordern. Dies ist der Fall, wenn die Eltern oder ein Elternteil schon zu Lebzeiten ihr Vermögen ganz oder teilweise verschenkt haben. Die bei Laien meist unbekannte Pflichtteilsergänzung kann für die enterbten Personen zu einem wahren Geldregen führen. Manchmal gibt es keinen Pflichtteil, aber eine hohe Pflichtteilsergänzung! Vor allem dann, wenn die Eltern an ihre Kinder Immobilien verschenkt haben und sich den Nießbrauch oder das Wohnrecht vorbehalten haben, können sich aus dem Grundstückswert hohe Pflichtteilsergänzungen ergeben.

●   **Beispiel**

Elvira O., verwitwet, ist die Mutter der beiden Brüder Konrad und Benjamin und der Tochter Adelheid. Im Jahr 1998 setzt Elvira per Testament die Tochter Adelheid als alleinige Erbin ein, da ihre Söhne sich von ihr abgewandt haben. Im Jahr 2001 schenkt sie Adelheid eine Eigentumswohnung im Wert von 300.000 Euro. Nach ihrem Tod im Jahr 2012 hinterlässt Elvira ein schuldenfreies Wohnhaus im Wert von

600.000 Euro, Aktien im Wert von 300.000 Euro sowie Barvermögen in Höhe von 100.000 Euro, insgesamt also einen Nachlass in Höhe von einer Million Euro. Der gesetzliche Erbteil der Brüder hätte je ein Drittel hieraus betragen, also 333.333,33 Euro für jedes Kind. Der Pflichtteil der enterbten Söhne beträgt die Hälfte hieraus, also je 166.666,66 Euro.

Doch können die beiden Brüder von ihrer Schwester auch Pflichtteilsergänzung wegen der Schenkung im Jahr 2001 fordern? Nein, denn im Jahr 2012 ist der entsprechende Anspruch aus der Geldschenkung bereits Jahr für Jahr um 30.000 Euro auf 0 Euro „abgeschmolzen". Adelheid muss von den 300.000 Euro, die sie von der Mutter 2001 als Schenkung erhalten hat, im Jahr 2012 keinen Cent an die Brüder abgeben.

● ●

● ●

TABELLE „ABSCHMELZUNG DER PFLICHTTEILSERGÄNZUNG"

Leistung des Schenkungsgegenstandes erfolgt	Berücksichtigung des Schenkungswertes mit . . . . . .
im 1. Jahr vor dem Erbfall	100%
im 2. Jahr vor dem Erbfall	90%
im 3. Jahr vor dem Erbfall	80%
im 4. Jahr vor dem Erbfall	70%
im 5. Jahr vor dem Erbfall	60%
im 6. Jahr vor dem Erbfall	50%
im 7. Jahr vor dem Erbfall	40%
im 8. Jahr vor dem Erbfall	30%
im 9. Jahr vor dem Erbfall	20%
im 10. Jahr vor dem Erbfall	10%
im 11. Jahr vor dem Erbfall oder früher	0%

● ●

Was würde im obigen Beispiel gelten, wenn sich Elvira O. bei der Schenkung der Eigentumswohnung im Jahr 2011 einen lebenslangen Nießbrauch vorbehalten hätte, etwa weil sie die verschenkte Wohnung weiter selbst vermieten wollte?

Bei einer derartigen Schenkung wird Tochter Adelheid zwar „pro forma" als Eigentümerin im Grundbach eingetragen; den wirtschaftlichen Nutzen der Wohnung hat die schenkende Mutter aber wegen des Nießbrauchsvorbehalts bis zu ihrem Tod nicht aufgegeben. Deshalb findet nach geltendem Recht keine Abschmelzung des Schenkungswertes statt. Die beiden Brüder können somit ihren vollen Pflichtteilsergänzungsanspruch in Höhe eines Sechstels aus dem Wert der Wohnung von 300.000 Euro, also jeweils 50.000 Euro, von der Erbin fordern.

● ●

EXPERTENTIPP

Nutzungs-, Mitsprache- und Rücktrittsrechte des Schenkers verlängern die „Pflichtteilsrelevanz" nach Schenkungen erheblich und setzen die jährliche Abschmelzung des Anspruchs auf Pflichtteilsergänzung außer Kraft. Deshalb gilt in diesem Zusammenhang das Sprichwort: „Wer zu viel beschwert, schenkt verkehrt".

● ●

Reduzierung der Pflichtteilshaftung

Bei einer „vorweggenommenen" Erbfolge, also bei lebzeitigen Schenkungen, muss immer das Risiko einer Pflichtteilshaftung des späteren Erben im Auge behalten werden. Die Geltendmachung von Pflichtteilsansprüchen wird in aller Regel als gravierender Störfall empfunden, zumal dadurch die Lebensplanung der Eltern durchkreuzt und auch das Versorgungsinteresse des Erben, der für den Pflichtteil haftet, beeinträchtigt werden kann. Flankierend zu einer Schenkung sollten deshalb immer Maßnahmen zur Begrenzung der Pflichtteilshaftung geprüft werden. Hierzu gibt es im Wesentlichen den Pflichtteilsverzicht und die Pflichtteilsanrechnung als bewährte Gestaltungsmöglichkeiten.

Pflichtteilsverzicht

Den besten Schutz für den Erben als Pflichtteilsschuldner bietet ein Verzicht der Kinder auf deren gesetzlichen Pflichtteil. Dieser hat aber zwei „Haken":

Zum einen muss der Pflichtteilsverzichtsvertrag notariell beurkundet werden, das heißt mündliche oder schriftliche Zusagen der Kinder, den Pflichtteil später einmal nicht geltend zu machen, sind schlicht wirkungslos. Zum anderen werden diejenigen Kinder, die derzeit keine Zuwendung von den Eltern erhalten, eine gewisse Abfindung für ihren Pflichtteilsverzicht aushandeln. Ein Pflichtteilsverzicht könnte wie folgt lauten:

Muster „Pflichtteilsverzicht gegen Abfindung"

1. Ich verzichte hiermit als Kind, auch mit Wirkung für meine Abkömmlinge, auf sämtliche Pflichtteilsansprüche und zwar nach dem ersten und zweiten Todesfall meiner Eltern.
2. Wir, die Eltern, verpflichten uns zu einer Abfindungszahlung von 50.000 Euro, zur Zahlung fällig 14 Tage nach Beurkundung dieser Vereinbarung.

Im Rahmen eines Übergabevertrags sollte stets ein Pflichtteilsverzicht zur Vermeidung der Pflichtteilshaftung des späteren Erben mit beurkundet werden. Dies ist bei Kindern, die eine lebzeitige Zuwendung erhalten, ein legitimes Ansinnen der Eltern.

Anrechnung von Vorempfängen auf den Pflichtteil

Es ist durchaus denkbar, dass der Übergeber eine andere Person als den Übernehmer zum Erben einsetzen möchte oder eine angedachte Erbeinsetzung wieder aufgibt, weil es zu Konflikten mit dem Übernehmer gekommen ist. Deshalb sollte auf jeden Fall eine Anrechnungsbestimmung auf den Pflichtteil getroffen werden, sonst könnte es geschehen, dass der Empfänger der Zuwendung später noch zusätzlich einen Pflichtteilsanspruch geltend macht und damit im Verhältnis zu anderen Erben oder Pflichtteilsberechtigten stark begünstigt wird. Eine Anrechnungsbestimmung könnte lauten:

Muster „Anrechnungsbestimmung"

Die Übertragung des Vertragsgegenstands erfolgt unter Anrechnung auf eventuelle spätere Pflichtteilsansprüche.

Kapitel 8

Unternehmen und Generationswechsel

Wer als Unternehmer seinen Kindern oder Enkeln schon zu Lebzeiten Anteile an der eigenen Firma übereignet, verfolgt damit – neben einer legalen Steuervermeidung – vielfältige Ziele. Dieses Kapitel erläutert, unter welchen Voraussetzungen der Fiskus erhebliche Steuervergünstigungen gewährt und welche Vorteile mit der Gründung einer Familienstiftung erreicht werden können.

Motive für eine Unternehmensübertragung

Im Zuge des Generationswechsels kommt es über die legale Steuervermeidung oder -minimierung hinaus oft auf eine ganze Reihe von Zielen an:

→ Erhaltung der Firma
→ Einsetzung eines fähigen Nachfolgers als Geschäftsführer und/oder Gesellschafter
→ Vorbehalt von Entscheidungsbefugnissen für den Seniorchef bis ins hohe Alter
→ Vermeidung der Ausplünderung der Firma durch Familienangehörige (hohe Gewinn-Entnahmen, Veräußerung werthaltiger Firmenteile und Tochterfirmen)
→ Vermeidung des Verkaufs von Anteilen an Dritte (außerhalb der Familie)
→ Haftungsbegrenzung für Familienmitglieder
→ Finanzielle Absicherung der Person des Inhabers und dessen Ehepartners
→ Vermeidung von Streit in der Familie und unter den Nachfolgern (Kindern)
→ Gleichbehandlung aller Kinder oder gezielte Ungleichbehandlung
→ Versorgung von Problemkindern (Behinderung, Sucht)
→ Schutz des Unternehmens vor Zugriff auf das Vermögen bei Scheidung oder Privatinsolvenz eines Kindes

Bei der Weitergabe eines Unternehmens per gesetzlicher oder testamentarischer Erbfolge lassen sich diese Ziele oft nicht realisieren. Zwar ist es möglich, per Testament Regelungen in Kraft zu setzen, die exakt dem Willen eines Unternehmers entsprechen, doch häufig ist es problematisch, ein Unternehmen mit hohem Wert in einem Zug steuerfrei an die Nachkommen zu übertragen. Wiederholte Schenkungen alle zehn Jahre bieten da wesentlich bessere Möglichkeiten der legalen Steuerersparnis.

Unternehmen rechtzeitig übertragen

Viele Unternehmer wollen weit über die gesetzliche Altersgrenze hinaus ihre Firma leiten und selbst alle wesentlichen Entscheidungen treffen. Gerade dieser Wille, selbst die Fäden in der Hand zu behalten, führt immer wieder zur späten Übertragung von Unternehmen in die nächste Generation per Erbschaft nach dem Tod eines betagten Firmeninhabers. Gerade diese Übergabe zu einem nicht kalkulierbaren Zeitpunkt birgt sehr hohe Risiken. Dadurch, dass ein Unternehmen, dessen Wert über viele Jahre gewachsen ist, mit einem Schlag in die nächste Generation transferiert wird, können sich plötzlich sehr hohe Steuerforderungen des Finanzamts aufsummieren. In ungünstigen Fällen müssen die Erben die gerade ererbte Firma sofort verkaufen, um Zahlungen an den Fiskus leisten zu können.

Steuerliche Vorteile einer Übertragung

Ein Erwerber kann beim Finanzamt einen Abschlag in Höhe von 85 Prozent des Unternehmenswertes geltend machen (siehe dazu auch das Kapitel 3). Er muss dann nur noch 15 Prozent des Unternehmenswertes versteuern. Damit dieser Abschlag wirksam geltend gemacht werden kann, sind allerdings einige Voraussetzungen zu erfüllen:

→ Der Erwerber muss zunächst das Unternehmen mindestens fünf Jahre weiterführen. Das bedeutet, dass Betriebsteile oder das Unternehmen insgesamt nicht verkauft werden dürfen. Teilbetriebe dürfen nur verkauft werden, wenn der Erlös aus dem Verkauf unmittelbar wieder in das Unternehmen investiert wird.

→ Fortführung heißt auch, dass bei einem Unternehmen mit mehr als 20 Mitarbeitern die insgesamt gezahlten Löhne in den ersten fünf Jahren nach der Übernahme nicht weniger als 400 Prozent der im Jahr vor der Übertragung gezahlten Löhne betragen dürfen. Bei einer Reduzierung der Tätigkeit des Unternehmens – etwa infolge einer Wirtschaftskrise und Rezession – können die Erben als Nachfolger möglicherweise diese Auflage nicht erfüllen.

→ Letztlich darf auch das sogenannte Verwaltungsvermögen im Unternehmen maximal 50 Prozent des Unternehmenswertes betragen. Verwaltungsvermögen ist Vermögen, das nicht notwendig ist, um das Unternehmen zu führen. Hierzu gehören insbesondere Kunstwerke, die im Büro hängen und einen nicht unerheblichen Wert haben, oder Wertpapiere, die das Unternehmen gekauft hat, ohne sich tatsächlich an einem anderen Unternehmen zu beteiligen.

Option: Sieben-Jahres-Modell

Mit einer weiteren Option hat der Gesetzgeber die Möglichkeit eröffnet, die Erbschaftsteuer vollständig zu vermeiden, und zwar unabhängig vom gesamten Wert des Unternehmens. Die Voraussetzungen, diese Option wahrzunehmen, sind aber noch strenger:

→ So muss das Unternehmen noch mindestens sieben Jahre fortgeführt werden.

→ Die Löhne und Gehälter müssen in Unternehmen mit mehr als 20 Mitarbeitern in der Gesamtzeit von sieben Jahren summa summarum 700 Prozent des Betrages erreichen, der im Jahr vor der Übertragung gezahlt wurde.

→ Darüber hinaus darf der Anteil des Verwaltungsvermögens maximal zehn Prozent erreichen. Das Problem, das sich bei einer Planung von Übertragungen stellt, liegt darin, dass schwer festzustellen ist, welche Gegenstände, Rechte und Optionen das Finanzamt bei seiner Bewertung des Unternehmens dem Verwaltungsvermögen zurechnen wird. Die Grenze von zehn Prozent des Unternehmenswertes kann dabei schnell überschritten werden.

Risiko der Steuerbegünstigung

Diese ausschließlich für Unternehmensnachfolger geschaffenen Begünstigungen können sich wie ein Bumerang gegen die Erben richten, wenn sie die strengen Vorschriften nicht einhalten können. Die Verschonungsregelungen führen zu erhöhter wirtschaftlicher Unsicherheit der Erben. Niemand kann garantieren, dass die geforderten Voraussetzungen in den nächsten fünf oder sieben Jahren durchgehend erfüllt werden können. Das größte Problem stellt sich bei der Übertragung von Unternehmen jedoch im Fall der Insolvenz. Sofern die Kinder als Erwerber des Unternehmens nach ein oder zwei Jahren aus wirtschaftlichen Gründen die Insolvenz beantragen müssen, so gilt dies steuerlich als Betriebsaufgabe. Die Verschonung vor der Erbschaft- und Schenkungsteuer entfällt, so dass die Erwerber verpflichtet sind, die Steuern zu zahlen. In der Realität versuchen Familienangehörige als Erwerber des Unternehmens mit allen Mitteln, die Insolvenz zu vermeiden. Hierzu wird erfahrungsgemäß auch privates eigenes Vermögen in das Unternehmen eingebracht. Ist die Insolvenz auch mit diesen Mitteln nicht zu vermeiden, so verlieren die Kinder nicht nur das Unternehmen und dessen Wert, sondern müssen auch noch auf den nicht mehr vorhandenen Wert hohe Steuern bezahlen. Es kommt damit zu dem ungewöhnlichen Fall, dass Erben aus ihrem Privatvermögen Steuern zahlen müssen, obwohl ihnen von dem übernommenen Unternehmen letztlich kein Wert verblieben ist.

●   **Beispiel**

Der Unternehmer Ralf T. hat in 30 Jahren eine florierende GmbH mit 220 Mitarbeitern aufgebaut, deren Wert neun Millionen Euro beträgt. Im Alter von 76 Jahren denkt er an eine Nachfolgeregelung zugunsten seiner drei Kinder Anna, Josef und Heinrich. Er verstirbt jedoch ohne Testament im Alter von 78 Jahren nach einem Herzinfarkt. Da auch seine Ehefrau bereits verstorben ist, erben die Kinder zu gleichen Teilen, also jeweils drei Millionen Euro. Nach Abzug des Erbschaftsteuer-Freibetrages in Höhe von 400.000 Euro muss jedes Kind 2,6 Millionen Euro versteuern. Das Trio entscheidet sich, die Firma mindestens sieben Jahre weiterzuführen, um keinerlei Erbschaftsteuern zahlen zu müssen. Leider sind die Kinder nicht so erfolgreich wie ihr Vater. Daher müssen die Kinder jeweils 200.000 Euro aus ihrem Privatvermögen in die Firma einzahlen, um alle Mitarbeiter weiter beschäftigen zu können. Zum Ende des zweiten Jahres müssen dann einige Mitarbeiter entlassen werden. Doch nach sechs Jahren, in einer extremen Wirtschafts- und Finanzkrise, lässt sich das Unternehmen nicht mehr halten. Auch aufgrund der Unerfahrenheit der Neo-Unternehmer kommt die GmbH in Turbulenzen. Die Insolvenz ist unvermeidbar. Nun müssen die Kinder auf den Wert des Unternehmens zum Zeitpunkt der

Erbschaft die Erbschaftsteuer zahlen, weil das Unternehmen nicht sieben Jahre fortgeführt wurde.

Den Kindern kommen dabei nur die ersten zwei Jahre zugute in denen alle Mitarbeiter beschäftigt waren. Es müssen also nur 5/7 des Wertes versteuert werden. Dies haben die Kinder aber bereits mit der Einlage aus ihrem Privatvermögen teuer bezahlt.

Die Kinder zahlen also jeweils auf 5/7 aus 2,6 Millionen Euro, mithin auf rund 1,86 Millionen Euro Erbschaftsteuer. Das bedeutet bei 19 Prozent Steuersatz (Steuerklasse I, Beträge von 600.000 bis sechs Millionen Euro) eine Steuerforderung pro Kind in Höhe von rund 350.000 Euro. Hinzu kommen die jeweils 200.000 Euro aus dem Privatvermögen, die in der Insolvenz verloren sind. Die Kinder haben einen Verlust aus dem Privatvermögen durch die Erbschaft in Höhe von jeweils rund 550.000 Euro. Sie müssen gut eine Million Euro an den Fiskus bezahlen. Das geerbte und besteuerte Unternehmen im Wert von neun Millionen Euro ist in der Insolvenz und so gut wie nichts mehr wert. Die Steuer ist aus dem Privatvermögen der Kinder zu bezahlen, die dadurch nach sechs Jahren rund 550.000 Euro weniger Vermögen haben als vor der Erbschaft.

• •

Das Insolvenzrisiko sollte keinesfalls unterschätzt werden. Die wirtschaftliche Entwicklung ist für ein einzelnes Unternehmen sehr schwer vorherzusagen. Häufig genügt es, dass einer der großen Kunden seine Aufträge anderweitig vergibt oder selbst in die Insolvenz gerät. In diesen Fällen muss Personal abgebaut werden. Die für die Steuerbegünstigung erforderlichen Lohnsummen werden unterschritten. Im schlimmsten Falle kommt es zur Insolvenz. Eine Absicherung gegen derartige wirtschaftliche Veränderungen ist nur schwer möglich.

Gerechte Nachfolgeregelung

Oft kommt es gar nicht so sehr auf die Steuervermeidung an, sondern auf eine gerechte und gute Nachfolgeregelung.

Ein Unternehmer möchte sich aus dem Tagesgeschäft zurückziehen, seinen Sohn als Nachfolger aufbauen und die beiden Töchter nicht schlechter stellen als den Sohn. Er ist der Meinung, dass sein Sohn, der seine Meisterprüfung im gleichen Handwerk abgeschlossen hat, „noch eine Menge lernen muss". In derartigen Konstellationen scheitern häufig auch gut vorbereitete Unternehmensübertragungen daran, dass Vater und Sohn sich nicht über die Fortführung des Unternehmens im praktischen Betrieb einigen können. Der Vater will von seiner Position als allein entscheidungsberechtigter Chef nicht abrücken. Der Sohn, der nun im Unternehmen mitarbeitet, tut sich schwer, sich als Juniorchef gegen den Vater durchzusetzen. Der Vater möchte darüber hinaus noch wirtschaftlich am Unternehmen beteiligt sein und seine Altersversorgung über Erträge sicherstellen.

Aus erbrechtlicher und pflichtteilsrechtlicher Sicht ist zu berücksichtigen, dass die Töchter in irgendeiner Form finanziell am Unternehmen zu beteiligen sind. Der noch junge Sohn wird in der Regel noch kein ausreichendes Vermögen angespart haben, um Ausgleichszahlungen leisten zu können.

Gefragt ist eine juristische Lösung, die mehrere Ziele realisiert:

→ eine klare Regelung der Entscheidungskompetenzen zwischen dem Senior und dem Junior
→ eine für alle Seiten günstige Gesellschaftsform
→ ausgleichende Gerechtigkeit für die Kinder, die nicht im Unternehmen mitarbeiten
→ eine Altersversorgung für den Seniorchef und seine Frau

Damit Senior und Junior sich nicht in Kompetenzgerangel aufarbeiten, macht es meist Sinn, einen in der Zukunft liegenden Stichtag festzulegen, an dem die alleinige Verantwortung für das Unternehmen vom Senior auf den Junior übergeht. Erfahrungsgemäß fällt es allen Beteiligten leichter, zusammenzuarbeiten, wenn klar geregelt ist, wer die Entscheidungen zu treffen und zu verantworten hat. Der Junior wird die Entscheidungen des Seniors bis zum Stichtag leichter akzeptieren können, wenn er weiß, dass er künftig selbst entscheiden kann. Er wird darüber hinaus Ratschläge des Seniors nach dem

Stichtag ernsthaft prüfen, wenn er weiß, dass es sich lediglich um gutgemeinte Vorschläge handelt.

Wahl der richtigen Gesellschaftsform

Es ist jeweils im Einzelfall zu prüfen, ob anlässlich der Übertragung eines Unternehmens eine Änderung der Gesellschaftsform aus haftungsrechtlichen oder steuerlichen Gründen angezeigt ist. An Stelle eines Einzelunternehmens einer Person kommt beispielsweise eine GmbH oder eine GmbH & Co. KG in Frage. Töchter des Seniorchefs lassen sich als Kommanditisten oder auch als „stille Gesellschafter" beteiligen. Sie können somit am künftigen Gewinn des Unternehmens partizipieren, ohne in das Geschäft selbst einzugreifen. Allerdings ist zu beachten, dass Kommanditisten und stille Gesellschafter ihre Anteile verkaufen können. Soll die Firma in der Familie bleiben, bietet sich eine Klausel im Gesellschaftsvertrag an, nach der Anteile ausschließlich innerhalb der Familie zu verkaufen sind.

Beispiel

Der Installateur Stefan U. hat einen Handwerksbetrieb mit 38 Monteuren. Im Alter von 68 Jahren will der Einzelunternehmer den Betrieb an seinen Sohn Klaus U., ebenfalls Installateur mit Meistertitel, übergeben. Die anderen Kinder, zwei Söhne namens Christian und Michael sowie die Tochter Angelika, sollen nicht enterbt werden, obwohl sie nicht im Unternehmen mitarbeiten wollen und können. Auf Anraten eines Rechtsanwalts gründen die Familienmitglieder eine GmbH. Die Installateure Stefan und Klaus U., Senior- und Juniorchef, werden als Geschäftsführer eingesetzt, die Übergabe der Verantwortung eindeutig auf den 01.01. des übernächsten Jahres terminiert. Die drei nicht im Unternehmen aktiven Geschwister des Übernehmers Klaus U. werden als „Gesellschafter" an der GmbH beteiligt. Sie können ihre Anteile nach einer Vertragsklausel ausschließlich innerhalb der Familie veräußern.

Eine Beteiligung von Familienmitgliedern an einer GmbH birgt häufig die Gefahr erbitterter Streitigkeiten. Immer wieder kommt es vor, dass Gesellschafter ohne Rücksicht auf die wirtschaftliche Situation des Unternehmens ihren Anteil am Gewinn fordern und kein Verständnis für sinnvolle Investitionen in die Zukunft aufbringen. Das Streitpotenzial ist sehr groß, und daher bedarf es guter Gründe, genau diese Regelung zu treffen.

Familiengesellschaft

Das Ziel, die Kinder und die Ehefrau für die Belange des Unternehmens zu interessieren, sie an Entscheidungen zu beteiligen und einzelne Personen gezielt an die Mitarbeit in verantwortlicher Position heranzuführen, lässt sich mit der Familiengesellschaft gut realisieren. Regelmäßige Informationen und Diskussionen machen die Nachfolger mit allen wichtigen Angelegenheiten vertraut.

Doch noch viel häufiger als dieses Ziel haben Seniorchefs den egoistischen Wunsch, auch nach der Beteiligung der Kinder und des Ehegatten alleine alle wichtigen Entscheidungen zu treffen. Auch diese Möglichkeit kann sich der Unternehmer durch entsprechende Vertragsklauseln bis zu seinem Ableben vorbehalten.

Beispiel

Oskar M., Inhaber eines hoch profitablen Pharma-Unternehmens mit 200 Mitarbeitern, gründet zusammen mit seiner Frau und seinen erwachsenen Kindern eine Familiengesellschaft. Alle zehn Jahre verschiebt die Gesellschaft Vermögensbestandteile bis zum Steuerfreibetrag auf Ehefrau Yvonne und die drei Kinder Max, Karl und Lena. In den Versammlungen der Mitglieder können die Frau und die Kinder ihre Meinung kundgeben, doch nach stundenlangen Diskussionen trifft Oskar M. sämtliche Entscheidungen ganz alleine – auch gegen den erklärten Willen der anderen Familienmitglieder. Die Bestellung oder der Rauswurf eines Geschäftsführers, die Gründung von Auslandsniederlassungen, die Erweiterung der Produktion, der

Zukauf anderer Firmen – in all diesen wichtigen Angelegenheiten entscheidet ein Unternehmer, der das Unternehmen immer als Autokrat alleine geführt und sich im Gesellschaftervertrag die Entscheidungsbefugnisse bis zum eigenen Tod vorbehalten hat.

● ●

Um Turbulenzen und Störfeuern konsequent aus dem Weg zu gehen, kommt vor allem eine häufig übersehene juristische Konstruktionen in Betracht, die enorme Vorteile zu bieten hat: die „Familiengesellschaft" als Personengesellschaft, auch „Familienpool" genannt (Gesellschaft bürgerlichen Rechts GbR oder Kommanditgesellschaft KG), in der unternehmerisch tätige Eltern, ihre Kinder, eventuell auch Enkel und andere Familienmitglieder über Gesellschaftsanteile verfügen. Die Familiengesellschaft ist nicht zu verwechseln mit einer „Familienholding", die in Form einer Kapitalgesellschaft (GmbH oder GmbH & Co.KG) gegründet wird und unter deren Dach mehrere Firmen zusammengefasst sind.

Die „Familiengesellschaft" eignet sich in besonderem Maße für die Übertragung mittelständischer Unternehmen in die nächste Generation und bietet einen guten Schutz vor der Zersplitterung des Vermögens. Sie ist nicht mit einer Gesellschaft mit beschränkter Haftung (GmbH) oder Eigentümergemeinschaft zu verwechseln, bei welcher die Gesellschafter oder Eigentümer frei über ihren Anteil verfügen und ihn verkaufen können.

Ein großer Vorteil liegt in flexiblen der Möglichkeit der frühzeitigen Übertragung von Gesellschaftsanteilen an die nächste und übernächste Generation unter Ausnutzung von Steuerfreibeträgen alle zehn Jahre. Wenn über Jahrzehnte mehrfach bis zur Höhe des Steuerfreibetrags das Vermögen eines Unternehmers in Anteilen Kindern und Enkeln zugeordnet werden, entstehen keine Erbschaftsteuerforderungen und die Einkommensteuer lässt sich durch Verteilung der Einkünfte auf die Mitglieder der Gesellschaft (auch Kinder und Senioren) minimieren. Innerhalb der Familiengesellschaft können sehr individuelle Regelungen geschaffen werden. Es kann das Stimmrecht vom Gewinnbezugsrecht und Gesellschaftsanteil getrennt geregelt werden. Auch ein Ausschluss des Verkaufs von Anteilen an „Nichtfamilienmitglieder" ist möglich und sinnvoll. Ein Verkauf der Anteile an außen stehende Personen ist dann nicht möglich, es kann auch kein Mitglied der Familiengesellschaft wie ein Querulant in einer Erbengemeinschaft die Teilungsversteigerung des Vermögens betreiben.

Das Vermögen gehört als Gesamtheit allen Mitgliedern. Eine Zersplitterung des Vermögenswertes ist bei entsprechender vertraglicher Gestaltung nicht möglich. Sogar die Kündigung der Mitgliedschaft lässt sich für eine bestimmte Frist ausschließen. Und wenn ein Mitglied seine Mitgliedschaft an der Gesellschaft kündigen kann, so lassen sich per Vertrag Abfindungsansprüche ausschließen oder zumindest in der Höhe begrenzen. Entsprechende Vertragsklauseln machen es unattraktiv, aus der Familiengesellschaft auszusteigen.

Ein weiterer Vorteil liegt im Schutz vor Gläubigern. Gläubiger können nicht auf das Vermögen der Familiengesellschaft zugreifen, wenn ein einzelnes Mitglied Schulden nicht mehr begleichen kann. Möglich ist ferner die Abwehr ungewollter Pflichtteilsansprüche enterbter Personen. Der Pflichtteil, der sich aus dem Nachlass eines verstorbenen Unternehmers ergibt, kann sehr hoch sein. Nach dem Tod eines Mitglieds einer Familiengesellschaft fällt dessen Anteil an die anderen Mitglieder, nicht in den Nachlass.

EXPERTENTIPP

Die Übertragung von Unternehmen oder Unternehmensanteilen ist sehr komplex. Es sind immer alle Facetten zu prüfen und zu beleuchten. In jedem Einzelfall ist entscheidend, welche Gesellschaftsverträge bestehen, wie das Unternehmen wirtschaftlich dasteht, wer das Unternehmen übernehmen will, wer das Unternehmen überträgt und wie eine wirtschaftliche Absicherung der Beteiligten erfolgen kann. Es verbietet sich eine pauschale Lösung, weil in jeder Familie und in jedem Unternehmen andere Gesichtspunkte unterschiedlich zu berücksichtigen sind. Es ist unbedingt zu empfehlen, in diesem Bereich Experten zu Rate zu ziehen, die sowohl die gesellschaftsrechtliche und die steuerliche, aber unbedingt auch die erbrechtliche Seite berücksichtigen.

Als Alternative zu einer streitanfälligen GmbH und auch zu einer Familiengesellschaft kommt der Verkauf eines Unternehmens an ein oder mehrere Familienmitglieder in Frage. Die Lösung Verkauf und gleichzeitig Darlehen an die übernehmenden Familienmitglieder bietet sich an, wenn die Eltern als Senioren aus dem Unternehmen Erträge als Altersversorgung benötigen. In diesem Fall kann die pauschale Abgeltungssteuer in Höhe von 25 Prozent für ein gewährtes Darlehen einen erheblichen Steuervorteil gegenüber dem persönlichen Steuersatz ergeben.

EXPERTENTIPP

Gerade bei der Übertragung von Unternehmen verbietet sich jede Empfehlung zu einer pauschalen Regelung. Jedes Unternehmen und jede Familie hat sehr individuelle Merkmale und Problemkonstellationen. In jedem Fall stellt sich die Situation anders dar. Wichtig ist, dass sich gerade Unternehmer rechtzeitig – nicht erst im hohen Alter – mit der Frage der Nachfolge auseinandersetzen und nicht nur an ein Testament denken.

Die Inanspruchnahme steuerlicher Begünstigungen bei der Übergabe von Unternehmen erfordert eine langfristige seriöse Planung. Neben wirtschaftlichen und steuerrechtlichen Fragen kommt es entscheidend darauf an, tragfähige erbrechtliche Lösungen zu entwickeln. Neben den Interessen des abgebenden Unternehmers und des übernehmenden Familienmitglieds sind stets auch die erbrechtlichen Ansprüche der übrigen Familienmitglieder zu berücksichtigen. Geschieht dies nicht, besteht die Gefahr, dass die übergangenen Kinder beim Tod des Unternehmers Ausgleichsansprüche einfordern. Solche Forderungen können den Fortbestand eines Unternehmens gefährden.

Kapitel 9

Stiften zum Gemeinwohl

Viele Menschen wollen Gutes tun, aber auch eine rasche Vernichtung ihres Vermögens vermeiden. Vor allem Personen, die keine eigenen Kinder haben, sehen es als sinnvoll an, mit ihrem Vermögen die Lebenssituation bedürftiger Menschen zu verbessern, Leistungs- oder Breitensport zu finanzieren oder die Erforschung von Krankheiten und Therapien zu ermöglichen. Dieses Kapitel erläutert, wie man – neben der klassischen Spende – durch die Gründung einer Stiftung gemeinnützige, kirchliche und mildtätige Zwecke verfolgen kann.

Was ist eine Stiftung?

Eine Stiftung ist eine von einer Person geschaffene Einrichtung, die mit Hilfe des eingebrachten Vermögens einen festgelegten Zweck dauerhaft verfolgt. Über ein „Stiftungsgeschäft" errichtet eine Person eine selbstständige Stiftung, legt den Stiftungszweck fest und erklärt verbindlich, der Stiftung ein bestimmtes Vermögen zu überlassen. In einer Stiftungssatzung wird neben dem Zweck und dem Vermögen der Stiftung auch deren Organisation geregelt. Die Satzung muss folgende Regelungen enthalten:

→ Name der Stiftung
→ Sitz der Stiftung
→ Zweck der Stiftung
→ Vermögen der Stiftung
→ Bildung des Vorstands der Stiftung

Ergänzend sollte eine Satzung Regelungen zu den Aufgaben und Befugnissen des Vorstands, zur Verwendung der Erträge des Stiftungsvermögens, zur Rechtsstellung der durch die Stiftung Begünstigten sowie zur Möglichkeit der Anpassung der Stiftung an geänderte Verhältnisse enthalten.

Wie gründet man eine Stiftung?

Die meisten Stifter – 90 Prozent – entscheiden sich, ihre Stiftung schon zu Lebzeiten zu gründen. Möglich ist jedoch auch die Errichtung in einer „Verfügung von Todes wegen", also mittels Testament oder Erbvertrag. Die Gründung zu Lebzeiten bietet entscheidende Vorteile. So hat der Stifter die Möglichkeit, maßgeblichen Einfluss auf die Arbeit „seiner Stiftung" zu nehmen. Er kann Fehlentwicklungen entgegenwirken, Fehleinschätzungen korrigieren und durch Satzungsänderungen die Stiftungsorganisation optimieren.

Die Stiftungsgründung per „Stiftungsgeschäft" hat schriftlich zu erfolgen. Zur Entstehung einer rechtsfähigen Stiftung ist zudem die Anerkennung durch die zuständige Behörde erforderlich. Zuständig ist die jeweilige Stiftungsaufsichtsbehörde des Bundeslandes, in dem die Stiftung ihren Sitz hat.

Notwendiges Vermögen einer Stiftung

Damit die Organe der Stiftung den Stiftungszweck verwirklichen können,
bedürfen sie eines ausreichenden Vermögens. Das Stiftungsvermögen kann
aus Finanzmitteln, Sachen oder Rechten bestehen, die der Stiftung übereignet
oder übertragen werden. Damit die Verwirklichung des Stiftungszwecks gesichert ist, muss die Vermögensausstattung dem konkreten Zweck in aus-
reichendem Umfang entsprechen. In der Regel ist ein Mindestkapital von
50.000 Euro erforderlich. Zu bedenken ist jedoch, dass der Stiftungszweck aus
den Erträgen des Stiftungsvermögens erwirtschaftet werden muss. Bei einem
Stiftungsvermögen von 100.000 Euro stehen für den Stiftungszweck meist nur
einige Tausend Euro zur Verfügung. In Zeiten niedriger Kapitalzinsen bleibt
bei einem Stiftungsvermögen von 100.000 Euro nach Abzug der Verwaltungs-
kosten im Ergebnis nicht viel Geld übrig, um den Stiftungszweck zu fördern.

Zustiften statt neu gründen

Die Gründung und Verwaltung einer Stiftung ist mit einem erheblichen Aufwand verbunden. Wer nicht daran interessiert ist, ein Denkmal für die eigene
Person zu errichten, sollte immer prüfen, ob die angestrebten Ziele nicht mit
einem geringeren Aufwand als einer Stiftungsgründung zu erreichen sind. Stif-
tungswillige Personen, deren Kapital offenkundig nicht ausreicht, um die Ver-
waltungskosten einer Stiftung zu erwirtschaften, sollten auch überlegen, ihr

Vermögen einer bereits bestehenden Stiftung zuzustiften oder einfach einer karitativen Organisation zuzuwenden. Existiert bereits eine Stiftung, die die gewünschten Zwecke verfolgt, kann eine Zustiftung weitaus mehr bewirken als eine neu zu gründende Stiftung.

Gutes tun und Steuern sparen

Stiftungen unterliegen zwar im Grundsatz der Steuerpflicht. Dies gilt jedoch nicht, wenn es sich um Stiftungen handelt, die mildtätigen, kirchlichen oder gemeinnützigen Zwecken dienen. Doch was genau heißt eigentlich „gemeinnützig", „kirchlich" und „mildtätig"? Antwort auf diese Frage gibt – im Zusammenhang mit dem Steuerrecht – die Abgabenordnung.

Hier wird „gemeinnützig" so definiert: „Eine Körperschaft verfolgt gemeinnützige Zwecke, wenn ihre Tätigkeit darauf gerichtet ist, die Allgemeinheit auf materiellem, geistigem oder sittlichem Gebiet selbstlos zu fördern."

„Mildtätig" ist laut Abgabenordnung etwas anderes: „Eine Körperschaft verfolgt mildtätige Zwecke, wenn ihre Tätigkeit beispielsweise darauf gerichtet ist, Personen selbstlos zu unterstützen, die infolge ihres körperlichen, geistigen oder seelischen Zustandes auf die Hilfe anderer angewiesen sind."

Nicht jede Stiftung aus dem Umfeld von Kirchen und Sekten verfolgt laut Abgabenordnung „kirchliche Zwecke": „Eine Körperschaft verfolgt kirchliche Zwecke, wenn ihre Tätigkeit darauf gerichtet ist, eine Religionsgemeinschaft, die Körperschaft des öffentlichen Rechts ist, selbstlos zu fördern" (§ 54 Abgabenordnung).

Mildtätige, kirchliche oder gemeinnützige Stiftungen sind von der Erbschaft- und Schenkungsteuer befreit. Besonders interessant für Stifter ist es, bei der Einkommensteuer „Sonderausgaben" steuermindernd geltend zu machen. So kommt die Stiftung nicht nur einem gemeinnützigen, kirchlichen oder mildtätigen Zweck zugute, sondern zum Teil auch dem Stifter selbst, da sie dessen Einkommensteuer reduziert.

Stichwortverzeichnis

Weitere Titel

Britta Konradt
- **Ärztepfusch – und jetzt?**
  Behandlungsfehler vermeiden, aufdecken und Recht bekommen
  ISBN 978-3-7093-0526-3
  2013, 160 Seiten
  EUR 9,90 (D/A)

Roland Stimpel
- **In 10 Schritten zum Eigenheim**
  Planen, kaufen, bauen: Von der Suche bis zur Finanzierung – Ihr Wegweiser zum eigenen Haus
  ISBN 978-3-7093-0531-7
  2., aktualisierte Auflage 2013, 160 Seiten
  EUR 9,90 (D/A)

Andreas Heiber
- **Die neue Pflegeversicherung**
  ISBN 978-3-7093-0503-4
  2., aktualisierte Auflage 2013, 168 Seiten
  EUR 9,90 (D/A)

Bernhard F. Klinger (Hrsg.)/Florian Enzensberger/Sven Klinger/
Barbara Schüller
- **Erbrecht für Frauen**
  Wie Sie optimale Vorsorge für den Erbfall treffen
  ISBN 978-3-7093-0487-7
  2013, 160 Seiten
  EUR 9,90 (D/A)

Andrea Westhoff/Justin Westhoff

- **Pflege daheim oder Pflegeheim?**
  Was Sie bei Pflegebedürftigkeit von Angehörigen tun können und wo Sie
  Unterstützung bekommen
  ISBN 978-3-7093-0524-9
  2., aktualisierte Auflage 2013, 168 Seiten
  EUR 9,90 (D/A)

Ulrich Goetze/Michael Röcken

- **Der Verein**
  Gründung – Recht – Finanzen – PR – Sponsoring. Alles, was Sie wissen
  müssen
  ISBN 978-3-7093-0517-1
  2., aktualisierte Auflage 2013, 192 Seiten
  EUR 9,90 (D/A)

Barbara Kettl-Römer

- **Was macht mein Kind im Netz?**
  Der Social-Media-Ratgeber für Eltern
  ISBN 978-3-7093-0480-8
  2012, 160 Seiten
  EUR 9,90 (D/A)

Bernhard F. Klinger (Hrsg.)/Klaus Becker/Stephan Konrad/
Wolfgang Roth/Johannes Schulte

- **Der letzte Weg**
  Tod – Begräbnis – Erbe. Alle notwendigen Maßnahmen für den Todesfall
  ISBN 978-3-7093-0479-2
  2012, 168 Seiten
  EUR 9,90 (D/A)

Bernhard F. Klinger (Hrsg.)/Armin Abele/Klaus Becker/Thomas Maulbetsch/Wolfgang Roth
- **Der Vorsorgeplaner**
  Wie Sie durch Vollmachten, Verfügungen und Testamente für den Krankheits-, Pflege- und Erbfall vorsorgen
  ISBN 978-3-7093-0356-6
  2011, 192 Seiten
  EUR 9,90 (D/A)

Andreas Lutz/Monika Schuch
- **Existenzgründung**
  Was Sie wirklich wissen müssen. Die 50 wichtigsten Fragen und Antworten
  ISBN 978-3-7093-0351-1
  2011, 208 Seiten
  EUR 14,90 (D/A)

Stephan Konrad/Franz Kopinski
- **Wohnungseigentum – Ihre Rechte und Pflichten.**
  Erwerb – Verwaltung – Vermietung
  ISBN 978-3-7093-0355-9
  2011, 168 Seiten
  EUR 9,90 (D/A)

Ludger Bornewasser/Bernhard F. Klinger
- **Der Streit ums Erbe**
  Wie Sie Ihre Interessen wahren und Konflikte vermeiden. Spannende Fälle aus der Praxis zeigen, worauf es ankommt.
  ISBN 978-3-7093-0328-3
  2011, 160 Seiten
  EUR 9,90 (D/A)

Bernhard F. Klinger (Hrsg.)/Florian Enzensberger/Thomas Maulbetsch/
Joachim Müller/Wolfgang Roth

- **Betreuung von Angehörigen**
  Bestellung – Aufgaben, Rechte und Pflichten – Kosten – Haftung.
  Antworten auf alle wesentlichen Fragen zum Betreuungsrecht
  ISBN 978-3-7093-0338-2
  2011, 160 Seiten
  EUR 9,90 (D/A)

Stefanie Kubosch/Julia Kleine/Annette Eicker

- **Gekündigt – was tun?**
  Von Abfindung bis Zeugnis: Ihre Rechte – Ihre Chancen. Wie Sie wieder
  Mut fassen und beruflich neu durchstarten.
  ISBN 978-3-7093-0337-5
  2011, 152 Seiten
  EUR 9,90 (D/A)

Rudolf Stumberger

- **Hartz IV**
  Das aktuelle Gesetz mit den neuen Regelungen. Mit verständlichen
  Erklärungen zum Ausfüllen des Antrages.
  ISBN 978-3-7093-0331-3
  5., aktualisierte Auflage 2011, 152 Seiten
  EUR 9,90 (D/A)

Astrid Congiu-Wehle/Agnes Fischl

- **Der Ehevertrag**
  Wie Sie Vorsorge für Ehe, Trennung und Scheidung treffen
  ISBN 978-3-7093-0304-7
  2010, 160 Seiten
  EUR 9,90 (D)/EUR 10,20 (A)

Joachim Mohr/Frank Lechner
- **Alleinerziehend – das sind Ihre Rechte**
  ISBN 978-3-7093-0259-0
  2010, 160 Seiten
  EUR 9,90 (D)/EUR 10,20 (A)

Gordian Philipps/Susanne Lebek
- **Erfolgreich durchs Assessment-Center**
  ISBN 978-3-7093-0321-4
  2010, 184 Seiten
  EUR 14,90 (D)/EUR 15,40 (A)

Andrea Westhoff/Justin Westhoff
- **Ihre Rechte als Kassenpatient**
  Wie Sie auch als gesetzlich Versicherter von Ärzten und Kassen
  bekommen, was Ihnen zusteht
  ISBN 978-3-7093-0295-8
  2010, 160 Seiten
  EUR 9,90 (D)/EUR 10,20 (A)

Bernhard F. Klinger (Hrsg.)/Sven Klinger/Joachim Mohr/
Wolfgang Roth/Johannes Schulte
- **Patientenverfügung und Vorsorgevollmacht**
  Was Ärzte und Bevollmächtigte für Sie in einem Notfall tun sollten.
  Was die Neuregelung für Sie konkret bedeutet.
  ISBN 978-3-7093-0289-7
  2., aktualisierte Auflage 2009, 144 Seiten
  EUR 9,90 (D)/EUR 10,20 (A)

Bernhard F. Klinger
- **Das Testament**
  Konkrete Anleitungen für alle Lebensmodelle – vom Single bis zur
  Patchwork-Familie. Wie Sie Streit vermeiden und Steuern sparen.
  ISBN 978-3-70930264-4
  2009, 168 Seiten
  EUR 9,90 (D)/EUR 10,20 (A)

Michael Schröder

- **Scheidung – aber fair**
Sorgerecht – Unterhalt – Umgangsrecht . Es geht auch friedlich, wenn die Vernunft siegt.
ISBN 978-3-7093-0272-9
2., aktualisierte Auflage 2009, 176 Seiten
EUR 9,90 (D)/EUR 10,20 (A)

Eva Schmitz-Gümbel/Karin Wistuba

- **Erfolgreich zum Traumjob**
Coaching zur Berufswahl für Eltern und Schüler
ISBN 978-3-7093-0213-2
2008, 168 Seiten
EUR 9,90 (D)/EUR 10,20 (A)

Astrid Congiu-Wehle/Joachim Mohr

- **Das neue Unterhaltsrecht**
Wie viel bekomme ich? Wie viel muss ich zahlen?
ISBN 978-3-7093-0229-3
2008, 168 Seiten
EUR 9,90 (D)/EUR 10,20 (A)

Karin Spitra/Ulf Weigelt

- **Ihr Recht als Arbeitnehmer**
Vom Vorstellungsgespräch bis zur Kündigung – was darf der Chef?
ISBN 978-3-7093-0218-7
2008, 192 Seiten
EUR 9,90 (D)/EUR 10,20 (A)

Wolfgang Jüngst/Matthias Nick

- **Arbeiten und Leben im Ausland**
Auswandern oder Überwintern: alle wichtigen Informationen.
Mit 10 Länderkapiteln von Schweiz bis USA.
ISBN 978-3-7093-0214-9
EUR 9,90 (D)/EUR 10,20 (A)

Tibet Neusel/Sigrid Beyer/Kathrin Arrocha
- **Immobilienkauf**
Haus oder Wohnung – Alles über Finanzierung, Recht und Steuern
ISBN 978-3-7093-0195-1
2008, 190 Seiten
EUR 9,90 (D)/EUR 10,20 (A)

Andrea Erdmann/Andreas Kobschätzky
- **Erfolgreich bewerben**
Von der systematischen Vorbereitung zum souveränen Bewerbungs-
gespräch und fairen Arbeitsvertrag
ISBN 978-3-7093-0187-6
2008, 176 Seiten
EUR 9,90 (D)/EUR 10,20 (A)

Wolfgang Jüngst/Matthias Nick
- **Wenn der Nachbar nervt**
Rechte und Pflichten in der Nachbarschaft
ISBN 978-3-7093-0174-6
2007, 160 Seiten
EUR 9,90 (D)/EUR 10,20 (A)

Inken Wanzek/Christine Rosenboom
- **Arbeitsplatz in Gefahr – Das sind Ihre Rechte**
Kündigung – Beschäftigungsgesellschaft – Aufhebungsvertrag –
Mobbing – Trennungsgespräche
ISBN 978-3-7093-0152-4
2007, 240 Seiten
EUR 14,90 (D)/EUR 15,40 (A)

Alle Titel sind auch als E-Book erhältlich!